슬픔도 미움도 아픔도
오후엔 갤 거야

슬픔도 미움도 아픔도
오후엔 갤 거야

초판 인쇄 | 2021년 01월 05일
초판 발행 | 2021년 01월 15일

글·그림 | 최선혜
발행인 | 한명수
편집자 | 이향란 박미란
발행처 | 흐름출판사(www.heureum.com)
주　소 | 전주시 덕진구 정언신로 59 2F
전　화 | 063-287-1231
전　송 | 063-287-1232

ⓒ 2021, 최선혜

ISBN 979-11-5522-259-1 03810

값 15,000원

저작권법에 의해 한국 내에서 보호를 받는 저작물이므로 무단 전재 및 복제를 금합니다.

슬픔도
미움도
아픔도
오후엔 갤 거야

최선혜 글·그림

흐름

시작하며

나는 한국사 연구자이다. 책상 귀퉁이를 붙잡고 수십 년을 보냈다. 역사를 통해 앞서 치열하게 살다간 다양한 이들을 만났다.

나는 '우리'를 전제로 하는 가치관에 잘 스며들지 못했고, 용해되지 않는 물질처럼 겉돌며 스스로에게 상처를 냈다. 어우러져 살아가는 일이 늘 어설펐다. 이 숙제는 끝까지 잘 해내지 못할 것 같다.

옛 사람들은 현실 속 갈등과 번뇌를 글로 풀고, 덕을 수행하고, 농사를 짓거나 산수를 유람하고, 자연의 이치를 깨달아 승화하였다. 그들은 또한 지금의 나처럼 슬퍼했고, 미워했고, 아파했다. 그렇지만 결국 폭풍은 지나가고, 하늘은 맑아질 것임을 각자의 목소리로 일깨워주었다. 나는 시간과 공간을 넘어 내게 와 준 옛 사람의 삶을 통해 고뇌를 덜고 위안을 얻었다.

나이 오십이 훌쩍 넘었으니 요절했다는 말을 들을 시기는 지났다. 아직 노인의 대열에 끼기는 어정쩡하다. 짧지 않은 내 인생을 되돌아보며, 역사에 이름을 남긴 사람들의 발자국을 따라 걸으니 비로소 부족하고 허물 많은 나 자신을 사랑해야 함을 깨닫는다. 곧 하늘이 개일 것을 알기에 그 어느 때보다 자유를 느낀다.

2020. 12

차례

시작하며_4

1. 나로 살아가기, 나와 하는 술래잡기

경회루 아래의 생방송 드라마_ 10 / 걷기 속도는 시속 '내 km'_15
가시울타리_23 / 세상 속 나의 본성_29 / 세 다리의 균형_34
얼룩으로부터의 자유_39 / 나와의 술래잡기_45
'반역한 신하'로 남은 궁예의 비밀_49 / 군자와 소인의 갈림길_55
나만의 1%_61 / 내 귀는 당나귀 귀_65

2. 변화 속에 살아가기, 가지 않은 익숙한 일

조상님 신주와 불쏘시개 나무조각_70 / 서얼 홍길동의 설움을 공감한 변화_75
스펀지와 돌덩이_82 / 달려온 길에서 벗어날 때_86
마당에 차려졌던 밥상_91 / 변화와 안정의 모순_95
콩 심은 데 콩 나지 않는다_98 / 깨진 것은 시루일 뿐_102
복고풍 장발과 코로나19의 장발_106 / '언택트' 시대의 대화_111

3. 어우러져 살아가기, 모난 돌끼리 둥글게

이름이 있는 이유_118 / 비판이라는 거름_123

누가 나를 소나 말이라고 부르건_129 / 99를 넘는 1의 공감_134

무골호인과 무골충 _138 / 하늘이 아끼는 자의 고통_142

부모 탓의 유효기간_146

4. 사랑하고 살아가기, 동행하거나 일행이거나

인연에서 이별까지_154 / 변하는 사람의 변하지 않는 마음_159

원래 없는 이별_163 / 평생의 아픔을 안고도_167

있는 그대로를 사랑한다는 허상_171

육식주의자와 채식주의자의 사랑_176 / 이념화된 정절, 선택한 의리_180

장희빈의 침묵과 오염된 사랑_185

미주_ 191

일러두기

· 글에 활용한 자료는 일반인도 쉽게 접할 수 있는 조선왕조실록 홈페이지, 한국고전종합 DB를 이용하였다.
· 인용한 자료는 특별한 경우를 제외하고는 각주로 전거를 따로 표시하지 않았다. 독자가 필요로 할 경우 인용문의 관련 단어를 검색하면 쉽게 자료를 접할 수 있다.
· 출간된 책을 인용한 경우는 각주로 소개하였다.
· 조선시대 모든 날짜는 음력표기이다.
· 그 밖의 상세한 전거는 서술의 편의상 생략하였다.

1

나로
살아가기

나와 하는
술래잡기

경회루 아래의
생방송 드라마

조선 세조(재위 1455~1468) 대의 문신인 유희익이라는 인물이 있다. 그는 세조가 학문을 논하는 자리에 자주 불렸던 문신이다. 세조는 집권 기간 내내 문신을 불러들여 유교 경전을 해석하고 토론하는 자리를 자주 마련한 군주였다. 유희익은 그 자리에 빈번하게 부름을 받은 탁월한 유학자였다. 세조는 그가 학문에 정통하고 능숙하다고 칭찬하며 각별히 털가죽 옷을 상으로 내린 일도 있다.

어느 날 당대의 내로라하는 유학자이며 관료인 정난종, 최한량, 이수남, 김뉴, 서거정, 민발, 그리고 유희익이 경회루 아래에서 세조를 기다리고 있었다. 이날따라 세조는 한참이 지나도 나오지 않았다. 기다리던 이들은 인생의 즐거움에 대해 서로 이야기를 나누기 시작했다.

정난종은 겨울 동안 좋은 은빛 매를 팔뚝에 얹어 꿩을 사냥하고, 시냇가에서 장작을 피워 그 꿩을 굽고, 함께 한 이들과 술을 마시고 취하며, 말을 타고 흥겹게 집으로 돌아오는 일이 자신이 누리는 진정한 즐거움이라고 하였다. 그러자 모여 있던 사람들이 너도나도 말을 보탰다.

업무를 마친 뒤 좋은 벗들과 술자리를 마련해 마음껏 이야기를 나누며 주거니 받거니 시를 짓는 일, 기생을 불러 벗들과 술자리를 실컷 즐기는 일, 매나 멧돼지를 사냥하는 일, 계절에 맞는 음식을 맛

경복궁 경회루(ⓒ문화재청)

보는 일, 벗들과 냇가에서 윗도리를 벗어던지고 물고기를 잡아 회를 치고 장국을 끓여 주린 배를 가득 채우는 즐거움 등…….

가장 마지막으로 당시 성균관 사예(정4품)였던 유희익은 "내가 즐거워하는 바는 그대들이 선택한 것과는 다르오"라면서 운을 뗐다. 그는 해가 긴 여름날 나무 그늘 아래에 자리를 깔고 앉아, 맑은 바람이 부는 가운데 『주역』, 『중용』, 『대학』 등 유교 경전을 읽는 것이 자신의 기쁨이라고 말했다.

서거정은 "바르다고 하면 바르겠지만, 사나이로 이 세상에 태어나서 어찌 그처럼 고달프게 살 수 있겠소?"라고 되물었다. 이에 자리를

함께 한 이들이 모두 크게 웃었다.[1]

경회루 앞에서 함께 인생의 즐거움을 논했던 이들은 유희익과 마찬가지로 세조에게 충성을 약속한 사람들이었다. 정치적으로 관직에 진출한 관료였으며, 학문적으로 유학에 매진한다는 공통분모를 가졌다. 많은 부분이 비슷했지만, 각자의 정체성은 사뭇 달랐다.

유희익은 자신만의 즐거움을 누리며 지냈다. 그리고 고달픈 사나이로 취급받을지언정 그것을 당당히 밝혔다. 그에게는 다른 사람과 구별되는 자신만의 개성이 있었다. 유희익이 자신의 품성을 뒤로하고 다른 사람의 즐거움에 휘둘리는 것을 상상해보라. 사냥, 술자리, 기생과의 놀이 등이 그에게는 즐거움이 아니라 적응하기 힘든 불편함이었을 것이다.

우리 역시 서로 다른 이들과 어우러져 살아가지만, 나로 살아가는 내 무대의 주인공으로 당당해야 한다. 우리의 삶은 단 한번 생방송되는 드라마이다. 오로지 내가 주연이고, 다른 모든 사람은 엑스트라다. 주연의 역할은 그 누구도 대신해줄 수 없고, 대체되지도 않는 자리이다. 가족을 비롯한 그 밖의 모든 사람은 극의 전개에 따라 일정한 역할을 수행하고 지나가는 조연이다.

주연이 자기 캐릭터를 지키지 못하고 흔들린다면 그 드라마는 아마 엉망이 될 것이다. 이 드라마는 나만의 무대여야 한다. 매일 이어지는 생방송의 무대에서 주연의 자리를 잘 지키며 살 일이다.

걷기 속도는 시속 '내 km'

말과 소 중 누가 빠를까? 밭 갈기는 누가 잘할까? 둘 다 어리석은 질문이다. 왜냐하면 본성이 서로 다른 짐승이기 때문이다. 사람도 마찬가지다. 겉보기에는 엇비슷해도 각자 지닌 특성은 다르다.

조선시대 양명학을 확립하고 집대성한 학자 정제두(1649~1736)가 있다. 그는 자신의 문집인 『하곡집』에 말과 소를 비유로 사람의 타고난 품성을 논하였다. 말은 말인 것을 알기에 달리기에만 사용할 뿐, 밭갈이는 안 시킨다고 하였다. 소는 소인 것을 알기에 밭갈이만 시키고 달리기에는 부리지 않는다고 하였다. 각자의 품성에 따라 말은 달리기에 쓰고, 소는 밭갈이에 부리니 그 이치가 옳음이라 하였다.

각자의 품성에 따라 살 수 있으면 좋으련만, 우리는 종종 한꺼번에 몰아넣어져 모두 밭을 갈거나, 호루라기 소리에 일제히 달리기를 해야 하는 처지가 된다. 분주히 휩쓸려야만 하는 사회에서는 나의 타고난 성질을 미처 알아내기조차 어려울 때가 있다.

학창 시절 체육시간에 달리기를 하면 몇 명이 얼마큼의 길이를 뛰든 상관없이 나는 늘 '꼴찌'였다. 그런데 얼마 전부터 즐기기 시작한 걷기 운동에서는 한두 시간 걸어도 같이 걷는 다른 사람에 비해 덜 지치고 제법 잘 걸었다. 말과 소의 능력이 다르듯 나의 체력적 능력은 뛰는 말에는 근처도 못 갈 실력이었고, 그나마 걷는 소 흉내는 조금 낼 수 있었다.

8살 때부터 시작된 정규 교육과정에 나도 남들처럼 발맞춰 한 계단씩 올랐지만, 이른바 고등교육 과정 이후는 이런저런 변수에 자꾸 더뎌졌다. 대학원 석사과정을 마친 뒤에는 학위논문이 늦어졌다. 학위도 받고 학문도 계속해야 한다는 부담에 공부를 손에서 놓지 않았지만, 학위논문은 우선순위에서 밀려났다.

석사과정을 마친 뒤 바로 결혼하고 시댁에서 시부모님, 시동생과 함께 살았다. 시할머니도 종종 오셔서 머물곤 하셨다. 남편은 결혼식 이틀 전 귀국해서 식만 올리고 다시 외국으로 나갔다. 내 삶은 갑자기 정체되었다. 부끄럽지 않게 학문의 길을 잘 갈 수 있을까 자신이 없었다. 함께 공부하던 동학들은 학위를 받고 강의를 시작하며 저 멀리 앞서가는 듯했다.

다른 길을 찾아보아도, 대학 졸업 후 2년의 석사과정도 마친 상태라 당시의 내 나이는 신입사원 모집 결격사유였다. 나이 많은 유부녀를 선뜻 받아줄 직장은 없었다. 우물쭈물 눈길을 돌려보는 중에 아들이 태어났고 남편도 한국으로 돌아왔으며, 그제야 난 다시 학업을 시작할 수 있었다.

박사학위를 받았을 때도 비슷한 상황이 재연되었다. 지금은 없어졌지만 그때는 (기억이 맞다면) 대학교수 임용 지원에 인문학이어도 '나이가 40 이하인 자'라는 조건에 부합해야 했다. 결국 몇 살에 무엇을 해야 한다는 세상의 기준에서 나는 두 번 모두 아슬아슬 턱걸이를 하였다.

이후에 학교 울타리 안에서 시간이 정지된 듯한 느낌을 받으며 살았다. 학문적인 즐거움에는 푸욱 빠졌지만, 눈을 들어보면 세상 사람들은 달려가는데 나만 여전히 같은 자리를 오가는 느낌이었다. 다른 이들은 시속 60km로 가는데 나는 자전거를 끌고 가는 모양새였다.

온 세상이 거센 물결을 일으키는 달리기에 참여해야 한다고 재촉하는 듯했다. 몇 살에는 무엇을 해야 한다고 온갖 말들이 쏟아졌다. 심지어 죽기 전에 꼭 해야 할 몇 가지 같은 조언도 있었다. 대개 가족의 소중함, 운동의 필요, 도전과 변화에 주저하지 말 것, 여행, 독서, 건강, 사랑, 예술, 요리, 그리고 재테크 등에 관한 전문가의 조언이나 경험담이었다. 온갖 종류의 유용한 도움말은 오히려 내 숨을 죄여왔다. 세상에서 뭐라고 하건 말건 나는 그저 내 속도로 삶을 걸어가고 싶었다. 이런저런 생각이 복잡할 때면 무작정 사료를 읽었다.

조선시대를 연구하다 보니 늘 조선시대의 기록을 접하는 게 일이었다. 그 가운데 기본 자료로 조선시대 역대 왕들의 실록을 합쳐서

부르는 『조선왕조실록』은 많은 사람들에게 익숙한 책이다. 이제는 디지털화되어 인터넷만 연결되면 누구나 쉽게 읽고, 알고 싶은 내용도 검색이 가능하다.

실록에는 '졸기卒記'라는 기사가 있다. 그것은 당대 실록을 기록한 사관이 '아무개 졸기'라고 하여 망자에 대해 남긴 역사적 평가이다. 왕조실록에 졸기가 오를 정도면 지금으로 말하면 유명 인사이다. 관직이 높은 것은 물론이고, 설사 그렇지 않아도 사회적으로 제법 영향력 있던 인물이라는 뜻이다.

일반에게도 이름이 많이 알려진 한명회(1415~1487)가 있다. 그는 일찍 부모를 여의고 불우한 어린 시절을 보냈다. 글을 배웠지만 과거에 번번이 실패하였다. 어려운 집안 환경에 가난까지 겹치고 관직 진출도 여의치 않았다. 딱한 처지였던 한명회는 마흔이 다 되어서야 간신히 말단 관직에 나갔다. 그러나 이후 한명회는 문종-단종-세조-예조-성종의 장장 다섯 왕대를 거치며 72세를 일기로 사망하기까지 최고의 영화를 누렸다. 사관은 졸기에서 한명회를 소박하고 솔직하였기에 여러 번 탄핵을 받았음에도 불구하고 그의 공로와 이름을 보존할 수 있었다고 평하였다.

한명회와 달리 중종대의 문신 조광조(1482~1519)는 조선 개국공신

『조선왕조실록』 정족산사고본(左) 및 봉모당본(右)(ⓒ문화재청)

의 5대손으로 1510년(중종5)에 사마시라는 과거시험에 장원으로 합격하여 성균관에 들어갔고, 1515년 문과에 급제하였다. 그 뒤 조선왕조 역사상 유례없는 초고속 승진으로 급제한 지 3년 만인 1518년에 사헌부 대사헌(종2품)이라는 최고 재상의 지위에 올랐다. 그러나 바로 다음 해 11월에 옥에 갇혔다가 사약을 받고 마흔도 되기 전 짧은 생을 마감하였다.

정치적 업적이나 역사적 평가는 뒤로하고 두 사람의 삶을 몇 살에 무엇을 해야 한다는 식의 일률적인 기준 아래 줄 세울 수 있을까? 줄기에 이름을 남긴 수백 명은 유학자로서 같은 방향을 달려온 사람들이다. 그들은 저마다 다양한 삶을 각각의 방식과 속도로 살았다. 그 방식과 속도에 대해 평을 한다는 것 자체가 얼마나 어리석은 일인가! 역사에 남은 수많은 사람의 삶을 통해 우리는 각자가 달리는 길의 속도를 스스로 써넣을 수 있음을 배운다.

인생을 달리기처럼 생각하게 하는 이솝 우화 「토끼와 거북이」가 있다. 우화는 게으름 피거나 자만하지 말고 성실하고 꾸준한 사람이 되라는 교훈이다. 이 이야기는 아주 어릴 때부터 삶의 여정을 목표를 두고 경쟁하며 뛰어가야 하는 것처럼 나를 세뇌시켰다. 아무리 재미있고 친근한 그림으로 그려졌어도 이 우화가 싫었다. 토끼처럼 빨리 달릴 능력도, 거북이처럼 쉬지 않고 갈 자신도 없었기 때문이다.

거북이는 자기 걸음으로 걷고 있을 뿐이며, 토끼는 다만 그렇게 뛸 수 있을 뿐이다. 우리 모두는 그렇게 저마다의 삶을 자신이 가진 속도대로 걷고 있다. 세상에 존재하지도 않는 기준으로 줄 세우고 달리게 하는 것은 토끼와 거북이를 한 트랙에 놓고 달리기 시합을 시키는 격이다. 삶이 그런 시합이라면 그 길에 보이는 사람 모두는 경쟁자일 뿐이다. 우리네 삶은 표를 끊어 남을 제치고 더 빨리 도착해야 하는 경주가 아니다.

나는 오늘도 내 길을 내 속도로 걸어가고 있다. 돌아온 길을 후

회하거나, 다른 사람의 길을 넘보지도 않는다. 오히려 발을 헛디디거나 넘어질 뿐이기 때문이다. 걷다가 만나는 모두가 소중하다. 길지 않은 인생길에서 만난 귀한 동행이다.

    도로는 시속 몇 km로 운전해야 하는지 정해져 있고, 운전자는 그것을 준수해야만 한다. 하지만 내가 올라 있는 삶의 도로는 직접 써넣은 '시속 나의 km'이다. 앞서 가는 이에게는 갈채를, 뒤에 오는 이에게는 격려를 남기며 내 속도를 지키려 한다. 더불어 토끼가 졸고 있다면 깨워 함께 걸어가야 하지 않을까.

가시울타리

많은 사람들이 즐겨 읽는 책 가운데 하나인 『장자』에 「못가의 꿩」이라는 글이 있다.

못가의 꿩 한 마리
열 걸음에 한 입 쪼고
백 걸음에 물 한 모금
갇혀서 얻어먹기 그토록 싫어함은
왕 같은 대접에도 신이 나지 않기 때문[2]

유명한 글이라 전공자들의 해석과 풀이, 일반인들의 감상을 쉽게 찾아볼 수 있다. 처음 읽는다 해도 못가에서 유유자적하며 사는 꿩의 모습을 전하고 있음을 알 수 있다. 못가에서 수고로이 움직여 간신히 먹이를 구해 살아가야 하지만, 제 마음대로 자유를 누리는 삶의 가치를 노래하고 있음을 발견하게 된다.

누군가는 울타리에 갇혀 살더라도 왕 같은 대접에 만족하는 삶을 선택할 수 있다. 울타리 안에서 누리는 여유를, 자유와 바꾸지 않으려 할 수 있다. 오직 갇혀 있는 것이 그의 삶이었기에 못가에서 누리는 자유를 모르는 경우도 있다. 그것은 복종에 익숙해져 자유를 위해 탈출하거나 쟁취해야 한다는 의식을 갖지 못하는 상태이다. 자유냐 복종이냐의 선택이 아니라, 자유를 인지하지 못한 채 복종이 습관이 되어버린 격이다.

우리의 삶은 울타리 안의 꿩이 오히려 다수이다. 못에 살면서 자유를 선택한 꿩이 칭송받는 까닭은 거둬내야 하는 울타리인 줄도 모르고 그 안에서 사는 이가 많기 때문이다. 울타리 안에서 평생의 삶을 보낸 경우로 전통시대 노비를 생각해보자.

한국사에서 노비는 고대사회부터 이미 존재하였다. 노비가 확인되는 '8조 법금'은 한국 최초의 국가인 고조선에서 시행된 법이다. 9조항 가운데 3개의 조항만이 중국의 역사서인 『한서』 지리지에 전한다. 그 가운데 "남의 물건을 훔친 자는 데려다 노비로 삼는다"는 항목이 있다. 시대마다 조금씩 변화는 있었지만, 노비제도는 그 시절부터 19세기에 이르기까지 내내 세습제로 존재하였다.

수업에서 노비제도를 설명하던 도중에 한 학생이 의아한 표정으로 질문하였다. 자신이라면 노비로 사느니 차라리 죽거나 항거했을 텐데, 왜 그들은 노비로 살았느냐고 갸우뚱했다. 답은 매우 간단하다. 드물게 예외가 있지만, 부당한 노비제도를 혁파해야 한다는 문제의식이 없었기 때문이다.

우리는 갇힌 곳에서 '왕 같은 대접'에 길들여진 채로 사는 꿩에게 자유를 모르고 살아가니 어리석다고 말한다. 할아버지-아버지-나, 그리고 내 자식까지 노비로 사는 사람들에게 왜 그 모순을 깨닫지 못하느냐고 묻는다. 나는 과연 어떠한가? 내 삶에 익숙한 부당함을 인지하지 못하는 것은 아닌가? 차라리 자유를 담보로 내어주고 얻어먹는 것에 만족하고 있지는 않은가?

이미 습관화된 것에 대한 문제의식은 어느 날 갑자기 생겨나지는 않는다. 과거에도 그러하였지만, 현재라고 해서 예외는 아니다. 익숙해져 있지만 엄청난 억압, 불평등, 반인권적 범죄에 눈감고 있는 경우는 여전히 흔하다. 설사 문제의식이 생겼다 할지라도 그 다음 걸음을 내딛기는 더 어렵다. 부당함에 맞서는 투쟁에는 현재 내 삶의 상당 부분을 포기하거나 희생할 용기가 필요하기 때문이다.

「트루먼 쇼」(1998)라는 영화가 있다. 주인공인 트루먼은 어느 날인가부터 자신의 삶이 이상하다는 사실을 조금씩 깨닫는다. 마침내 30년의 삶 전체를 뒤로하고 비상구를 열고 울타리 밖의 세상으로 나간다. 트루먼이 그동안의 삶을 통째로 버리고 찾은 자유는 다른 이들에게는 일상이었다. 트루먼이 타인에 의해 조작된 울타리에 갇혀 살았다면, 그 문 밖의 사람들은 스스로 만든 울타리에 갇혀 있는 격이다. 트루먼은 그것을 깨닫고 뛰쳐나갔다.

그는 절대 실직할 리 없는 세상에서 주인공으로 안주하며 살 수 있었다. 그러나 트루먼은 물 공포증에도, 폭풍우 속에 거의 익사할

뻔했어도 기어코 건너갔다. 오로지 그에게만 바다였던 물이 가득 찬 공간을 가로질러 자신을 가두었던 세트장을 나가버렸다.

우리는 지금의 삶에 무언가 어색하거나 불편한 점은 없는가? 내 삶의 낯익은 부분에 안주하며 새로 시작할 용기를 잠재우고 있지는 않은가? 지금이 편하다면 이 역시 본인의 선택이다. 하지만 갈증이 있다면 그 상태로 살 수는 없다. 노비인 것을 깨닫고도 그냥 노비로 살 것인가?

다른 한편 트루먼의 일상을 몰래 지켜보던 대중의 심리는 어떠한가? 그들은 트루먼에게 애정을 느끼며 가족처럼 여겼지만, 달려가 진실을 말해주지는 않았다. 자기 편의의 사랑이었다. 우리 역시 남들에게 그런 태도로 대하고 있지는 않은지 돌아볼 필요가 있다. 한 발자국 떨어져 꿩에게 먹이나 던져주고 무언가 선한 일을 했다는 위안으로 외면하고 있지는 않은가?

내 삶, 또는 내 의식이 겹겹이 둘러싸인 울타리 안에 갇힌 것은 아닌지 깨닫기 위해서는 무엇이 필요할까? 그것은 내가 사는 현실에 대한 문제의식이다. 문제의식이 있을 때 세상과 나를 비판적으로 바라볼 수 있고, 얼핏 봐서는 몰랐던 문제가 보이고, 문제가 보여야 해결할 수 있다. 이 때문에 반복되는 평범한 일상에 트루먼이 조금씩 의혹을 갖는 것은 나에게 가장 상징적인 장면이다.

    문제에 대한 해결 방법은 각자의 선택이다. 울타리의 가시에 몸이 찔리더라도 뚫고 나갈 것인지, 아니면 그 안에서의 삶을 선택할 것인지. 내가 어떤 선택을 하든 내 자유인 것처럼, 다른 이의 선택을 비난할 권리는 없다. 하지만 내가 '나'로 살고자 한다면 숨은 가시울타리를 발견해야 하고, 그것을 뚫고 나갈 용기를 가져야 한다. 다른 이가 가시울타리에 갇혀 있다면, 가시에 찔리는 고통을 두려워하지 않고 함께 거둬준다면 더욱 좋겠다.

세상 속 나의 본성

동글동글 수십 명의 얼굴이 담긴 학창 시절 소풍 단체사진. 많게는 70명 이상이 빼곡하게 모여 서 있다. 중고등학교 사진은 죄다 옷이며 머리 모양새가 같다. 다 비슷해 보이는 콩알만 한 얼굴을 들여다보면, 그 안의 벗들이 하나하나 다시 살아난다. 체육을 잘하던 미숙, 반장이었던 우영, 배우가 되고 싶다던 영미, 모두가 서로 달랐던 우리들.

얼핏 보기에 그림으로 만나는 조선시대 사람들도 나의 소풍 사진만큼이나 행색이 비슷하다. 양반이건 농민이건, 아낙네이건 서로 비슷한 옷차림과 머리 모양을 한 탓이다. 모두 비슷하게 유교사회의 생활양식을 따르는 사람들이었지만, 그들도 저마다 달랐다.

조선 전기 저명한 학자이며 관료였던 성현(1439~1504)은 자신의 문집인 『용재총화』에 다음과 같은 일화를 남겼다.

사람의 기호가 같지 않음은 타고난 본성이 그러한 것이다. ……
배맹후는 국수를 싫어해서 국수를 보면 반드시 상 아래에 내려놓았다. 사람들이 그 까닭을 물으니 "남들이 면을 먹을 때 입안 가득 넣고 쩝쩝대는 것을 보면 정신이 후들거린다"고 답했다. 손계성은 수박 먹는 것을 싫어해 "한 조각이라도 입에 넣으면 마음이

더러워진다"고 했다. 제학 최모는 대구를 싫어해 "이 물고기의 악취를 맡으면 머리가 찢어지는 것처럼 아프다"고 했다. 정랑 신모는 순채를 싫어해 "끈적거리고 미끌거리는 것만 없으면 먹을 수는 있겠다"고 했다. 이 네 가지는 모두 맛이 아주 좋은 것인데, 이처럼 싫어한다. 사람의 기호는 본래부터 정해져 있는 것이라 바꿀 수가 없다.³

이 일화를 통해 성현은 사람은 저마다 다른 본성을 타고났을 뿐만 아니라, 그것을 바꿀 수 없음을 말하였다. 후루룩 만 국수가 나에게는 아무리 맛있어도 배맹후에게 왜 싫어하느냐고 따질 수 없다. 손계성에게 더운 여름날에 최고라면서 수박을 권하면 곤란하다. 순채는 수중식물로 점액질이 있어 미끄러운 식재료인데, 구하기 어려웠다고 한다. 싫어하는 사람에게 이를 나물로 무쳐 내놓거나 전골이나 탕에 듬뿍 넣어 대접할 수는 없는 일이다. 우리 모두가 똑같이 국수를 먹고, 대구탕을 즐기고, 수박을 한 조각씩 나누어 먹는 것은 불가능하다.

세종 때 예조판서인 신상(1372~1435)과 이조판서인 허조(1369~1439)가 있었다. 두 사람은 말하자면 생체 시계가 서로 달랐다. 허조는 일찍 나와 일을 처리하였고, 신상은 해가 중천에 뜰 정도에 늦게 나와 일을 하였다. 허조가 사람을 보내어 어찌 이리 늦게 나오느냐 물었다. 신상은 각자의 자기 수완대로 일하는 것이 좋으니 무슨 손해될 일이 있느냐 반문하였다. 이에 대해 제3자인 성현은 허조는 부지런하게 일하고, 신상은 일의 기미를 잘 판단했으니 타고난 성질이 서로 같지 않은 것이라고 평했다.

우리 개인 각자는 그런 존재이다. 사람은 모두 지독하리만큼 다르게 태어났고, 철저하게 자기만의 본성을 지니고 있다. 당연히 나는 남과 다른 고유한 나만의 특징이 있고, 그것은 음식, 취향, 가치관 등 여러 면에서 드러나기 마련이다. 현실은 비록 '우리'로 묶여 살아가지만, 사실 '우리'는 없다. 서로 전혀 다른 '나'가 잠시 웅성거리며 함께 있을 뿐이다. 울퉁불퉁한 내 모양새와 들쭉날쭉한 당신 모양새는 서로 불편하고 맞지도 않는다. 하지만 보아주고 참아내며 존중하는 것이 살아가는 이치이다. 우리 모두는 절대 같을 수 없다. 만일 같게 만든다면 너무도 끔찍한 세상이 될 것이다. 나는 '나'로 살기를, 서로의 특징과 개성을 존중하기를 갈망한다.

그런데 '나 자신'과 만나기 위해 반드시 점검해야 할 숙제가 있다. 우리 모두에게는 부지불식간 사회에 통용되는 보편적 가치나 평가가 녹아 있다. 나의 성향, 하고 싶은 일, 거부하고 반항하는 가치, 주변 사람과의 관계에 대한 관점 등 무엇이든 내 모양을 빚을 때 이 사회

구성원으로 살아온 나를 피하기 어렵다. 현재 사회의 기준만이 아니라, 역사적으로 내려온 가치판단이 나의 잣대에 알게 모르게 스미어 있기 마련이다.

이 때문에 나를 깨달아가는 여정은 신중해야 한다. 내가 찾는 나 자신이 정말 그렇게 살고 싶은 나인가, 그렇게 살아도 되는 나인가의 문제이다. 자유로운 나를 추구하면서, 자칫 내 발목에 나답지 않은 기준이 걸려 있을지 모르기 때문이다. 따르고 싶지 않은 가치, 비판적으로 바라봐야 할 신념, 내 안에 재정립할 관점 등을 잘 가려내야 한다. '나다움'을 찾는 여정에 사회에 대한 비판적 문제의식이 반드시 필요한 까닭이 여기에 있다.

가장 탈출하기 어려운 감옥은 자기 자신이다. 왜냐하면 갇힌 줄 모르는 감옥이기 때문이다. 그곳에서 탈출하기 위해서는 나를 잘 들여다봐야 한다. 그와 동시에 세상에 대한 비판적 식견도 갖춰야 한다. 나와 나를 둘러싼 세상을 객관화하면 내가 갇힌 감옥의 빗장은 저절로 풀어진다.

세 다리의 균형

덕수궁의 전각인 중화전 양옆에는 세 다리 솥[鼎]이 우뚝 서 있다. 왕이 국사를 보는 전각 옆에 음식을 조리하는 그릇이 놓인 것이다. 다리가 세 개 달린 청동 솥은 고대사회부터 내내 사용한 기물이었다. 본래 용도는 의례를 치르기 위해 주로 고기를 조리하는 데 사용한 제례용 그릇이다. 한국과 중국에서 이 솥은 조리용만이 아니라 군주의 권력을 상징하는 기물로 자리 잡았다. 때문에 청동 솥은 규모가 큰 신라의 능 등에서 출토된다. 왕이 정치를 보던 덕수궁 중화전 앞에 놔둔 까닭도 청동 솥이 군주의 권력과 권위의 상징물이기 때문이다.

청동 솥은 균형의 상징이기도 하다. 바로 다리가 주로 세 개인 까닭이다. 천지인 등 다양한 의미가 있지만, 구조적으로 세 개의 다리는 가장 안정을 이룰 수 있는 결정 조건이다. 뜨겁게 달아오른 솥이 고기를 요리하는 도중에 펄펄 끓는 국물이 엎어진다면 의례는 큰 낭패이다. 무엇보다 요지부동하게 균형을 유지해야 하는 기물이었기에 안정을 위한 최고의 다리 수를 가졌다.

다리가 세 개면 바닥이 울퉁불퉁해도 흔들림 없이 안정을 유지하며 서 있을 수 있다. 사진기의 삼각대를 바닷가 바위틈에도 잘 고정시켜 세울 수 있음을 떠올리면 이해가 쉽다. 다리가 네 개면 오히려 바닥의 상태에 따라 흔들리거나 균형이 맞지 않을 수 있다. 누구나 다

덕수궁 중화전(ⓒ문화재청)

리가 내 개인 식탁, 탁자 등이 종종 흔들리는 경험을 해봤을 것이다.

　세상사도 그렇다. 개인부터 어떤 조직이나 국가에 이르기까지 균형은 전체의 존립을 가르는 열쇠와도 같다. 국가의 경우 각 기관, 여러 정치 세력, 다양한 계층, 서로 다른 지역 등 각 부문이 균형을 유지할 때 통치가 원활하게 이루어진다. 특정 개인이나 집단이 과도하게 권력을 장악하면, 개인과 그 조직 모두 어딘가 문제가 터져 나오기 마련이다. 역대 강력한 권한을 장악했던 군주는 각 부문의 균형을 매우 잘 조절한 군주였다.

　사람도 세 다리 솥처럼 중심을 잘 잡아야 흔들림과 무너짐을 피할 수 있다. 우리는 무엇보다 내가 누군지를 잘 알 필요가 있다. 이 일은 아마 세상에서 가장 어려운 숙제일지 모른다. 나에게 특별한 문제가 있어서가 아니다. 원래 인간 자체가 복잡한 존재이기 때문이다. 복잡한 존재인 나는 온 지구 전체가 얽힌 까다로운 현실에 뒤엉켜 살아간다. 안정된 균형은커녕 롤러코스터를 탄 것같이 하루하루를 숨 가쁘게 산다.

흔히 균형 있는 인격을 갖춘 사람으로 진선미를 갖춘 사람, 지덕체가 조화를 이룬 사람 등이 제시되기도 한다. 하지만 그러한 덕목을 균형 있게 갖춘 사람은 성현 내지 군자의 반열에 오른 분들이 아닌지. 보통의 우리에게는 늘 학교 교훈이나 어딘가의 벽에 높이 쓰인 빛바랜 구호처럼 여겨진다. 난무하는 온갖 구호, 가르침, 경험담에서 한 걸음 벗어나 나 자신을 잘 들여다볼 수 있다면, 그래서 조금은 더 안정되고 평안함을 유지할 수 있다면 얼마나 좋을까.

그럴 때 일단 내가 어딘가로 치우치진 않았는지 생각해보면 어떨까. 청동 솥처럼 삶의 표면은 울퉁불퉁 굴곡이 있어도, 균형을 잘 잡으면 뜨거운 국물이 넘치지 않는다. 그러니 부정적인 생각이나 쓸데없이 과거에 저지른 실수를 자꾸 곱씹지 말고, 부족한 것에 대한 아쉬움보다 감사할 대상을 먼저 찾고, 서운함보다 고마움을 선명히 기억하고, 이별의 아픔보다 첫눈처럼 다가올 새로운 사랑을 생각한다면 ······.

복잡한 요소로 구성된 나의 여러 측면이 자동차 바퀴 네 개의 공기압처럼 물리적으로 균등하게 균형을 이룰 수는 없다. 사람에 따라 각자 좀 더 비중을 두는 영역, 가볍게 놔두는 영역에 차이가 있기 마련이다. 각자 내면을 찬찬히 들여다보고 내가 서기 위한 균형을 잘 유지할 필요가 있다. 균형은 오천 년을 버티고 있는 청동 솥의 세 다리에서 배우는 삶의 정수이다.

얼룩으로부터의 자유

정갈하게 다려 입은 흰옷에 그만 커피를 흘려 얼룩이 생겼다. 아무도 별 관심이 없다. 나만 시선을 거기에 고정시킨 채, 마음의 자유를 뺏겨버린다. 커피를 마시던 즐거운 시간만을, 그 순간을 기억하는 자국으로 넘기기는 어려울까?

흰옷은 '백의민족'이라는 별칭이 있을 정도로 우리 민족이 즐겨 입은 옷이다. 조선시대 여러 그림에는 물론 구한말부터 등장하는 사진에도 사람들은 대개 흰옷 차림이다. 그래서인지 사대부들은 세속에 오염됨을 흰옷의 먼지로 비유하였다.

시대의 전환기에 선택의 갈림길은 세속에 야합함과 절개를 지킴으로 나뉘었다. 특히 고려에서 조선으로의 전환기에 위대한 스승으로 이름을 남긴 이색(1328~1396)은 문신이고 대학자였다. 그의 가르침 아래 당대의 유명한 사대부들이 배출되었다. 그 갈림길에 고려왕조에 충절을 지킨 정몽주, 이숭인, 길재가 있었고, 조선왕조 개창에 핵심적 역할을 한 정도전, 하륜, 윤소종, 권근도 있었다.

어느 것을 선택하든 옳고 그름이 아니라 각자의 신념과 선택이었다. 그러나 어수선한 시기였으므로 부정직한 처신이 없을 리 만무하다. 이색은 당세의 선비들이 제 본성을 잊고 경박한 풍조가 만연해 예법을 지키지 않음을 지적하며 탄식했다.

부끄럽다. 나 또한 함부로 진출하여, 흰옷에 검은 먼지만 흠뻑 썼음이[4]

고려와 조선의 사대부들이 자주 인용한 이 시는 중국 남조 제나라의 유명한 시인 사조謝朓(454~499)의 시이다. 사조는 선비들이 벼슬하면서 본심을 잃는 것을 "누가 서울에 오래 머물 수 있으랴, 검은 먼지가 흰옷을 오염시키는 걸"이라고 비유하였다. 흰옷이 선비의 청렴과 순결이라면, 검은 먼지는 관직에 있으며 세속에 오염됨을 상징한다.

선비의 흰옷을 상세히 보면 흙먼지를 비롯해 생활의 이런저런 자국이 많았으리라 짐작된다. 그러나 물리적 얼룩이야 살아 움직이며 생활하는 사람이 어찌 피할 수 있겠는가. 부끄러운 얼룩은 얄팍한 잇속을 따르며 묻는 자국이다.

조상들이 즐겨 입던 흰색 옷은 우리 세대에도 매우 익숙하다. 내가 자라던 시절에 여학생 교복은 겨울 겉옷을 제외하고는 상의는 거의 흰색이었다. 근대 이후 등장한 여학생의 교복은 붉은 치마저고리, 자주색 양장 등 조금씩 달랐다. 1920년대부터 대부분 여학생 복장은 흰 저고리에 검정 통치마로 통일되었다.

교복은 늘 점검의 대상이었다. 수시로 용의검사 내지 복장검사를 받았다. 빳빳하게 풀을 먹인 옷깃, 잘 다려진 상의와 치마, 흰 양말 등을 갖추어 입고 있지 않으면 '복장 불량'으로 꾸지람을 들었다. 유달리 깔끔하게 챙겨주시던 엄마의 손길로 나는 늘 '용의단정'한 모범 여학생이었다. 그와 같은 나의 정체성을 하루아침에 무너뜨린 일이 발생하였다.

전교생이 운동장에 정확히 줄을 맞춰 서 있어야 했던 월요 조회 시간이었다. 왜 그랬는지 사춘기에 나는 유달리 코피가 잘 났다. 하필이면 제일 경직된 시간인 교장선생님 말씀 중에 갑자기 코피가 쏟아졌다. 움직이지도 못한 채 흰 교복 상의로 무참하게 떨어지는 코피를 지켜보았다. 조회가 끝나자 곧이어 운동장에 선 채로 복장검사가 시작되었다.

당황한 나는 손수건을 꺼내 문지르고 비비고 닦아내려 했지만, 얼룩은 더 넓게 번졌다. 지저분해진 교복을 입은 채로 앞줄에서부터 한 명씩 점검하며 다가오는 선생님을 보며 쩔쩔매며 서 있었다. 사정을 모르는 선생님은 당연히 나에게 한마디 핀잔을 주고 가셨다. 얼굴이 달아오른 채 고개도 들지 못하고 나에게로 향하는 주변 시선을 꾹꾹 눌렀다.

얼마나 사소하고 별 의미도 없는 일인가! 그런데 그 일은 나에게

트라우마로 남았다. 학창 시절 내내 나는 강박증처럼 교복을 두 번, 세 번 다려서 입고 다녔다. 심지어 비가 오는 날이면 가방에 한 벌을 넣어 가 학교에서 갈아입기도 하였다. 아무도 기억하지도 않는 사소한 사건을 나는 반복적으로 떠올리면서 전전긍긍했다.

대학에 간 뒤로 차차 그 일은 기억의 저편으로 사라졌다. 그런데 흰 셔츠에 무엇인가 묻는 것에 대해서는 여전히 예민했다. 심지어는 흘린 커피 자국 등을 참지 못하고 새로 셔츠를 사 입은 일도 있었다. 어느 날 옷에 커피 자국을 발견하고 지우기 위해 비누가 비치된 학교 화장실로 향했다. 큰 거울 앞에서 셔츠 자락을 비벼대는 내 모습을 본 순간, 그처럼 한심할 수가 없었다. 내 의식 깊은 곳에는 여전히 전교생이 모인 운동장에 얼룩이 묻은 교복을 입고 쩔쩔매던 내가 있었다. 얼토당토않게 그때의 나를 여전히 내 안에 부둥켜안고 있었다.

그 뒤로 나는 의식적으로 '털털 버전'을 지향했다. 일부러 옷을 더럽힌 것은 아니지만, 옷에 무엇이 묻거나 말거나 외면하였다. 어떤 경우는 일부러 얼룩을 '여 보란 듯이' 놔두기도 하였다. 셔츠에 묻은 작은 얼룩을 무시하면서 비로소 나는 그 강박증으로부터 자유로워졌다. 나의 내면 깊숙이 숨어 있던 운동장의 고개 숙인 나를 떠나보냈다.

주변 사람들은 기억하지도 못하지만 나에게는 선명하게 각인된

일, 두고두고 떠나보내지 못하는 일이 얼마나 많은가. 교복의 얼룩처럼 더 이상 의미도 없는 지나간 일일 뿐인데. 어렵게 추천서를 받아 지원했지만 낙방한 일, 혼자만 소외된 느낌을 참으며 모임에 앉아 있어야 했던 경험, 열등감을 누르며 담대한 척하던 시간, 사랑하는 이의 외면, 좌절, 움츠림, 실연, 거절 등 그 모든 감정에 눌렸던 나는 지나갔다.

현재의 나는 과거의 그 감정을 여전히 가질 이유가 없는 나이다. 상황이 달라졌고 시간은 지나갔기 때문이다. 내 삶의 흔적으로 남아 있는 적당한 구김과 그 온갖 얼룩은 이제 스스로를 안을 수 있는 털털한 편안함이다. 나는 새하얀 셔츠의 긴장을 접어두고 삶의 자리마다 새겨진 아름다운 무늬인 얼룩을 비로소 사랑한다. 부끄러운 얼룩은 시인 사조와 문신 이색이 개탄한 '검은 먼지'뿐이다.

조선 태종 1년(1401)에 정해진 법에 따르면 한성(서울)은 밤 10시에 동서남북의 사대문을 모두 닫았고 도심의 야간 통행을 금지하였다. 이 이후에 경비와 순찰을 담당하던 순라는 오가는 사람을 잡아 가두고, 도둑을 찾기 위해 한밤중에 두루 다녔다. 새벽 4시가 되면 다시 성문을 열고 통행을 허락하였다.

조선시대 내내 적용된 형법(대명률)에 따르면 순라를 도는 사람이 밤 통행금지를 어긴 사람을 체포할 때 이를 거역하거나, 단속하는 순라를 때려 상해를 입히면 곤장 100대에 처해졌다. 반면 통행금지를 범하였다고 거짓으로 순라가 사람을 잡아 가두면 순라에게 그 죄를 물었다. 나라에서는 추운 겨울이면 겹저고리를 내려주고, 거처하는 곳에 짚자리를 제공하는 등 순라군을 보살폈지만, 밤에 다녀야 하는 순라는 고달픈 직임이었다.

순라가 밤새 밖으로 돌며 법을 어기는 사람을 찾고 잡아야 하는 모양새를 아이들은 놀이로 따라 하였다. 놀이에서 술래는 숨은 아이들을 모두 찾아야 했고, 잡힌 아이 중에 한 명을 다시 술래로 삼아야 술래에서 벗어날 수 있었다. 만일 되풀이되는 숨바꼭질, 끝나지 않는 술래를 해야 한다면 그 놀이는 깨어나지 않는 악몽과도 같을 것이다.

혹시 현실에서도 이러한 숨바꼭질을 하고 있는가? 밤새도록 순라군이 되어 어둔 골목을 돌고만 있지 않은가? '너 자신을 알라'는 명제에 숨겨진 이면, 즉 내 자신의 존재에 대한 의문을 두고 헤매고 있지는 않은가. 어리석은 질문을 한다. 나는 어떤 사람인지를 왜 그렇게 찾아야 하는가? 종일토록 나를 찾아다니는 숨바꼭질로부터 해방되어야 하는 까닭이 무엇일까?

그것은 내가 존재하는 이 세상을 이해하기 위한 출발점이 나이기 때문이다. 세상을 살아가려면 먼저 그 주체인 나를 알아야 함이 순서이다. 내가 누구인지를 이해하면, 나에게 걸맞은 나다운 사고와 행동을 할 수 있다.

나는 무엇을 할 때 즐거운지, 수많은 선택 가운데 오늘 나는 유튜브에서, 또는 넷플릭스에서 무엇을 즐겨 보았는지, 평소에 잘하는 것은 무엇인지, 지금 하고 싶은 것은 무엇인지, 마음에 짐이 있다면 무엇인지, 자꾸 기억나는 일은 무엇이며 왜 그런지. 지금 내 삶의 온갖 내용을 종횡으로 들여다보며 정리해본다. 이들은 마치 전봇대 뒤에서 얼핏 보인 머리카락처럼 나를 찾아다니는 술래잡기를 마칠 중요한 실마리가 되어준다.

그렇게 나를 이해한 다음에는 어떤 내가 되고 싶은지 생각해보자. 되고 싶은 나의 모습을 지금 내 모습에 조금씩 추가해보자. 내가 지향하는 '나'를 염두에 두고, 지금 내가 그 '나'가 되기 위해 할 수 있는 것을 조금씩 해보자. 어떤 내가 되고 싶은지를 잡은 뒤에 이루고 싶은 목표를 설정하는 것이 순리가 아닐까 한다.

모든 것은 다 때가 있다. 내가 생각하는 때와 알 수 없이 진행되는 내 삶의 때는 대개 빗나가고 어긋난다. 그 차이 안에서 숨바꼭질하며 사람들은 뱅뱅 돈다. 날이 어두워지면 술래잡기를 마치고 집으로 들어가 맛있는 저녁을 먹고 쉬어야 한다. 모두 다 떠난 골목길에 혼자서 여전히 술래로 돌아다닐 수는 없다. 내가 나를 잘 찾아야만 끝난다. 그 다음에 비로소 따뜻한 저녁을 먹을 수 있다.

'반역한 신하'로 남은 궁예의 비밀

역사에는 가끔 극적인 삶을 보여주는 인물이 등장한다. 한국사에도 출생부터 죽음에 이르기까지 장면 장면이 드라마와도 같은 사람이 있다. 궁예(재위 901~918)도 단연 그런 인물이다. 1145년경 고려의 김부식은 국왕 인종의 명을 받아 『삼국사기』를 편찬하면서 마지막 제10권에 「반역한 신하」 항목을 만들었다. 바로 거기에 궁예와 견훤의 전기를 실었다. 고려의 관료이며 대학자인 김부식의 눈을 통해 본 궁예에 대한 평가는 한마디로 '반역한 신하'였다.

김부식은 드라마와도 같은 궁예의 출생과 어린 시절, 승려로 살던 때의 일들을 기록으로 남겼다. 궁예는 신라 왕족이었다. 아버지가 신라 47대 헌안왕 또는 48대 경문왕으로 전해진다. 음력 5월 5일에 출생했는데, 그때 지붕 위에 긴 무지개와 같은 흰빛이 하늘에까지 닿았다고 한다. 나면서부터 치아도 있었다. 길일을 잡는 관리가 왕에게 이 사실을 이유로 국가에 이롭지 못할 아이이니 기르지 말기를 권했다. 국왕은 궁예를 죽이도록 명했고, 젖을 먹이던 노비가 간신히 데리고 도망쳤다. 어린 궁예는 구사일생으로 목숨은 건졌지만 노비 손가락에 눈이 찔려 한쪽 눈을 잃고 말았다.

유모이던 노비가 숨어서 몰래 키웠으니 그 형편이 어땠을지 짐작하기 어렵지 않다. 10여 세가 되었을 때, 궁예는 유모로부터 자신의 출생을 알게 되었다. 그는 길러준 어머니에게 근심이 되기를 원하지 않는다며 눈물로 하직하고 승려가 되었다.

승려로 살아가던 궁예에게 어느 날 까마귀들이 무엇인가를 물어다 그의 공양 그릇 안에 떨어뜨렸다. 궁예가 보니 '왕王'이라는 글자가 써진 쪽지였다고 한다. 김부식은 궁예가 이를 "비밀히 간직하여 말하지 않고, 퍽 자부심을 갖게 되었다"고 기록하였다.

여기에 기록의 모순이 있다. 김부식은 궁예가 까마귀로부터 '왕'이라고 써진 종이를 받고 혼자 비밀로 간직했다고 하였다. 그가 혼자 간직한 사건을 200년도 넘는 세월이 지난 뒤에 김부식이 어떻게 기록으로 남길 수 있었는가? 이는 궁예 스스로가 이 일을 드러내어 말했기 때문이라는 해석만이 가능하다. 궁예가 혼자 비밀로 간직한 사건이 아니었다. 오히려 수백 년이 지나도 조정에서 회자될 정도로 널리 알려진 유명한 이야기였다. 그 신비하고 비밀스런 사건을 발설한 자, 그것도 널리 알려지게까지 한 자는 궁예 당사자 이외 다른 누구일 리가 없다. 비밀 아닌 비밀인 까마귀 사건은 궁예가 가진 자부심의 표현이었다.

궁예는 신라 말 세상의 흐름을 통찰하였고, 군사를 모으면 뜻을 이룰 수 있으리라고 판단하였다. 자신의 판단을 믿고 절을 떠나 891년 죽산 일대를 장악한 세력가인 기훤의 휘하로 들어갔다. 기훤이 그를 업신여겼지만 오히려 비밀히 그의 부하들과 결탁하여 인연을 맺었다. 뛰어난 전략으로 혁혁한 전공을 거두며 궁예는 많은 사람의 지지를 받아 세력을 확장해나갔다.

왕위에 오르기 전 궁예가 세력을 확장하는 과정에 대한 김부식의 평가도 새겨 읽을 필요가 있다. 그는 다음과 같이 말하였다.

> 병사들과 더불어 즐거움과 괴로움, 일하고 쉬고를 같이 하며, 주고 거두는 일에 있어서도 공평무사하게 하고 사적으로 하지 않았다. 이러하니 많은 사람이 마음으로 그를 두려워하고 공경하고 사랑하며 장군으로 추대하였다.[5]

궁예는 자신을 따르는 사람들과 애환을 함께하며 공정함을 지닌 존경받는 지도자였다. 이토록 긍정적인 관점의 기록을 남긴 사람은 누구인가? 궁예를 몰아내고 왕건을 국왕으로 추대한 사람들은 자신들이 몰아낸 궁예를 패악한 폭군으로 만들어야만 하였다. 궁예를 제거하고 왕위에 오른 왕건이 정당성을 인정받아야 고려왕조의 정당성도 유지되기 때문이다. 왕조의 지배에 대한 당위성이 확보돼야 그 치하의 관료인 자신들도 떳떳하기 마련이다. 궁예에 대한 평가는 왕조의 명분이 걸린 절체절명의 과제였다. 김부식이 '반역한 신하'로 궁예의 이름을 올린 까닭도 이 때문이다. 그럼에도 불구하고 병사들의 존경과 지지를 얻은 궁예의 지도자로서의 능력은 기록하지 않을 수 없었다.

역사를 들여다보면 많은 사람들이 어려운 상황이나 조건을 뛰어넘어 믿을 수 없는 도전과 성취를 이루어냈다. 그들의 기록을 찬찬히 읽어보면 그 삶을 헤쳐나간 힘은 스스로를 믿는 자존감이며, 시대가 나아갈 방향을 읽어낸 식견이며, 자신을 믿고 따라주는 지지자를 확보해가는 데 있었다.

말년의 궁예의 행적은 바람직하지 못했다. 무엇보다 최고 권력자의 지위를 확보한 뒤 그가 수행한 정치는 시대가 나아가야 할 방향과 어긋났다. 다양한 지역 출신의 많은 세력가들과 조화를 이루어야 할 시점에 그는 전제군주가 되었다. 사람들의 존경을 받으려 하기보다 폭압정치로 복종시키려 했다. 가장 가까운 가족과 지지자도 믿지 않았다. 결국 그는 천수를 다하지 못했다.

궁예는 부모에게 버림받은 출생의 비밀부터 시작해 그 모든 역경에도 주저앉지 않은 사람이었다. 그의 행보는 시대를 읽어내는 안목, 자신에 대한 자부심, 그리고 지도자로서의 능력을 갖추고 있었기에 가능했고, 그 결과 새로운 시대를 여는 주역이 될 수 있었다. 그러나 어느 순간 그는 자신이 이룬 틀 안에 갇혀버렸다. 지금은 물론 수백 년이 더 지나더라도 인간에게 필요한 것이 무엇인지, 왜 독단적인 리더십이 실패하는지 궁예는 매우 분명하게 말해주고 있다.

우리에게도 출생의 신비가 있다. 생명으로 이 세상에 온 날은 오늘처럼 태양, 구름, 달, 별이 모두 한 치의 어그러짐도 없이 각자의 자리에서 제 몫을 한 날이었다. 우리 역시 누구도 대신할 수 없는 각자의 몫을 갖고 태어났다. 어둠에서 빛으로 나왔으니, 이 빛을 누리는 동안은 나만의 몫이 있음을 믿으며 살아가려 한다.

군자와 소인의
갈림길

군자와 소인은 유교에서 대비되는 두 인간상이다. 지금도 여전히 누군가를 지칭할 때 곧잘 사용되는 용어이다. 사람들은 보다 나은 사람이 되고 싶어 하고, 군자를 지향한다. 그러나 자신을 돌아보면 때로 큰 그릇이 못 되고 소인에 머무르는 듯해 자괴감에 빠지기도 한다.

소인에서 군자로 넘어가기 위한 모든 노력, 현대적 표현을 빌리어 '자기계발'의 활동에는 무엇이 있는가? 일반적으로 여행, 독서, 자연을 즐기고, 언어를 비롯해 새로운 것을 배우고 다양한 경험을 쌓으라는 도움말이 있다. 그 가운데 '등산'은 마음을 다스리고 보다 큰 그릇이 되기 위해 많은 이들이 권하는 활동이다.

한국인의 등산 열풍은 2020년, 코로나19 이후 더 거세졌다는 소식이다. 주변을 둘러보면 늘 펼쳐져 있는 산자락이 우리의 일상 속으로 깊이 들어왔다.

한국인에게 산은 늘 가까이 있어왔다. 사람들은 아주 오래전부터 산을 숭배하고 신성한 장소로 여겼다. 우리의 건국신화에 하늘로부터 이 땅에 내려온 환웅이 자리 잡은 곳도 태백산 마루였다. 역대 국가는 산에 제를 올렸고, 조선시대에도 전국의 명산에 산신제를 지냈다. 민간신앙에서도 전국 여러 마을에서는 오래전부터 산신제를 행해왔다.

조선시대 사대부들은 나라를 다스리고 백성을 돌보는 길, 인간에 대한 이해, 자신에 대한 성찰, 심성의 수양 등을 위해 산을 유람하였다. 그들은 '등산'이라는 말 대신, 산을 좋아하고 즐긴다는 관점에서 '산으로 놀러 다님[遊山]', '산을 좋아함[樂山]' 등으로 표현하였다.

선비들은 산을 유람하며 글을 남겼다. 문경호(?~1620)는 깊은 골짜기 매우 아름다운 경치 가운데 잘 알려진 것도 있고, 아직 세상에 드러나지 않은 것도 있다고 하였다. 이처럼 사람들이 나를 알아주거나 몰라주어도 기쁠 것도 화날 것도 없다는 것을 산을 빗대어 말했다. 남의 평가는 나에게 의미 없으며, 나는 나로서 세상을 살아가고 남에게 휘둘리지 말아야 한다는 뜻이다. 공자는 사람들이 알아주지 않더라도 아쉬워하지 않고 군자를 지향하자는 말을 남겼다.

선비 박용규는 경북 청량산에서의 감흥을 읊으며 "선비로서 산수의 즐거움을 알지 못하면 속된 것을 면할 수 없다"고 하였다. 그가 말한 산수의 즐거움은 '교만을 경계하고 처신을 삼가는 것', '남의 이목에 흔들리지 않으며, 경박함을 경계하는 것' 등 보다 나은 자신이 되려는 즐거움이다.

힘들여 찾아간 멋진 산수에서 느낀 감동은 삶을 돌아보게 한다. 그런데 왜 돌아오면 삶은 여전히 그 자리일까. 성리학자로 큰 족적을 남긴 조식(1501~1572)이 남긴 말이 의미심장하다.

> 명산에 들어온 사람은 누구나 마음을 씻기 마련이다. 그러나 결국 군자는 군자가 될 뿐이고, 소인은 소인이 될 뿐이다. 한번 햇빛을 쬔다고 하여도 그것은 아무런 도움도 되지 않는다.

이는 조식이 두류산 여행기에서 산에서의 일시적인 감동과 깨우침에 대해 남긴 글이다. 잠시의 감동은 인격을 닦는 데 아무런 도움이 되지 않는다는 따끔한 일침이다.

아름다운 경관을 갖춘 명산만큼이나 세상에는 감동을 받을 만한 사안이 차고도 넘친다. 도심 길가 아스팔트를 기어코 뚫고 올라온 작은 민들레부터, 인간의 두 발로는 절대 다가갈 수 없는 대자연에 이르기까지 자연은 우리에게 감동을 안겨준다. 세계적인 석학의 강의를 인터넷으로 쉽게 접하고, 어제 출간된 신간을 읽으며 감동을 받기도 한다.

조식은 '소인'이라 할지라도 감동이나 깨달음을 얻는다고 했다. 하지만 그 느낌이 보다 나은 나, 내가 지향하는 나의 밑거름으로 이어지지 못하면 의미가 없다. 어떻게 해야 그런 감동을 나 자신의 거름으로 삼을 수 있을까? 선비들은 그 비결이 습관에 있다고 하였다.

조선시대 성종과 연산군 대에 학자이자 사관으로 활동했던 김일손(1464~1498)은 두류산을 다녀온 뒤 이렇게 말했다.

이번 산행을 하면서 처음에는 발걸음이 무거운 듯했는데, 날이 거듭될수록 두 다리가 점점 가뿐해짐을 느꼈다. 그제야 비로소 모든 일이 습관들이기 나름임을 알게 되었다.

어렵게 생각되는 일이 있어도 결국 모든 일은 습관들이기 나름이라는 조언이다. 사람은 어떤 방향으로든 더 나은 사람이 되고 싶은 마음을 품고 있다. 더 나은 내가 되려는 노력을 접는다면 스스로 인간의 가치와 존엄성을 중단하는 일이다. 그렇지만 왜 나는 늘 그 자리에 머무는 것 같을까? 왜 한 발자국 더 내딛기가 그렇게 힘들까?

그 까닭은 나의 노력이 그저 한번 햇빛을 쏘는 것과 같기 때문인지 모른다. 일시적으로 햇빛을 쏘인들, 다시 그늘로 가면 나아진 것이 없기 마련이다. 김일손의 깨달음처럼 깨닫고 결심한 일이 어려워 보여도 습관으로 익힐 일이다.

명산에서의 감동을 습관이며 가치관으로 이어가는 길은 역설적으로 돌아갈 곳을 기억할 때 가능하지 않을까 한다. 명산에 가는 까닭은 그 산에서 살기 위함은 아니지 않은가. 자연에서의 그 감동을 품고 집으로 돌아오기 위해 떠난 발걸음이니, 명산에서의 감동은 돌아갈 곳을 기억하며 느낄 수 있어야 한다.

    시간이 지나면 산에서 내려오고, 마음에 파장을 일으킨 책을 덮고, 강의는 끝난다. 그 시간 동안 쪼인 햇빛이 내 습관이 되도록 지녀야 한다. 나를 흔드는 어떤 감동이 잠시 지나쳐 간다면 한나절의 즐거움일 뿐이다. 그 감동을 내 삶에 자리 잡게 한다면, 생명을 자라게 하는 영원한 햇살을 누리게 될 것이다. 소인은 한때의 햇살에 즐거워하지만, 군자는 태양을 경외하는 마음으로 사는 이치이리라.

나만의 1%

인간과 침팬지의 DNA를 비교하면 서로 다른 부분은 지극히 작은 %에 불과하다고 한다. 그 아주 작은 차이로 인해 인간은 인간이고, 침팬지는 침팬지이다. 인간끼리도 99% 같아도 서로 다른 1%에 나는 나이고 그는 그이다. 세상에 똑같은 사람은 단 한 명도 없는데, 사람들은 끊임없이 범주를 나눠 개인을 분류하려 한다. 사람의 성향을 구분하여 유형을 구별하는 온갖 설과 검사가 있는 까닭이다.

여러 전문적인 테스트나 분석에 대해서는 완전 문외한이므로 여기에서 논할 능력은 없다. 다만 사람을 유형으로 나누어 설명하기란 참 어렵다. 인간 자체가 매우 복잡한 존재이기 때문이다. 어딘가로 끌어다 맞추어도 괴리되는 부분이 나오곤 한다. 역사에서 만난 사람들도 마찬가지로, 일정한 특징으로 분류하여 묶기가 어려웠다. 서로 비슷한 면이 많아서 같은 부류로 설명하려 해도 다른 한 측면은 또 각자 달랐다.

역사학에서 왕조의 교체와 같은 커다란 변화를 분석할 때, 관련된 사람들의 유형을 가르고 그 특징을 정리하는 작업은 중요하다. 신라 말에 접어들어 후삼국시대를 연 주역들이 어떤 사람들이었는지를 이해해야, 그들에 의해 새로 열린 시대의 역사적 의의를 정리할 수 있다. 조선 건국의 의미를 정리하기 위해서는 새 왕조 개창을 추진한 사람들이 갖는 공통적 특징을 분석해야 한다.

그런데 공통적 특징을 가려내어 유형을 분류하는 이른바 '끼리끼리'로 묶기가 쉽지 않다. 전체적인 경향을 설명할 수는 있지만, 유형으로 나누어 모으려면 사람마다 서로 다른 면이 이것저것 드러난다.

신라 말 지방의 호족들이 후삼국을 건국했다지만, 그 마지막 승자인 왕건은 대대로 지방에 거주한 송악 출신 지방인이었다. 궁예는 신라 왕족 출신이었다. 견훤은 아버지가 경북 상주에서 집안을 일으켜 장군이 된 사람이었다. 본인은 신라의 비장으로 지방관을 겸한 벼슬을 가지고 있었다. 이들이 역사의 주역으로 떠오른 9세기 말에서 10세기 전반에 이르는 시기는 지방의 세력가인 '호족의 시대'라고 불린다. 하지만 그 새로운 시대를 열어간 '호족'이라 부를 수 있는 주인공들은 서로 다른 유형이었다.

1392년에 조선의 창업주로 오른 이성계는 함경남도에서 태어나 한반도의 동북면에서 활동했던 사람이다. 이성계를 왕으로 추대하여 조선의 개국공신에 책봉된 사람은 44명이었다. 새 왕조 개창이라는 큰 뜻을 같이한 개국공신 중에도 가난하고 변변하지 못한 집안 출신이 있는가 하면, 고려 말에 최고의 지위를 누리던 가문 출신도 있다.

신라에 반기를 들거나, 조선왕조 개창에 참여함은 자신과 집안의 운명을 건 결정이었다. 목숨을 건 결단이라는 가장 큰 공통점을 공유하였지만, 각자의 삶은 당연히 서로 달랐다.

유형을 가르고, 그 특징을 접하며 나와 비슷한 사람이 많다는 동질감에서 오는 위로는 분명히 크다. 그런데 설사 99%의 공통점이 있다 하여도, 남과는 다른 나만의 1%가 있다. 이 우주에 먼지와 같은 존재일지 몰라도 그 1%를 지닌 것은 오로지 나뿐이다.

내 귀는 당나귀 귀

누구나 허물로 여겨져 드러내고 싶지 않은 나의 일부가 있다. 나를 정립해가는 이 길에 턱 버티고 있는 이 문제를 어찌해야 하는 걸까. 내 모습 그대로 살고 싶은 열망은 강한데, 차마 넘어갈 수 없는 문제가 자꾸 목에 걸려 내려가지 않는다면 어떻게 해야 할까. 평생 자신의 허물을 꼭꼭 감추려 한 신라 48대 경문왕(재위 861~875)의 설화를 통해 생각해보자.

『삼국유사』에 실린 경문왕의 설화는 '임금님 귀는 당나귀 귀'라는 제목으로 널리 알려졌다. 한국만이 아니라 구전으로 세계 여러 지역에 존재하는 이야기이다. 그리스신화에 나오는 미다스Midas 왕의 일화가 유래라고 한다. 그는 손에 닿는 모든 것이 황금으로 변하는 소원을 이루었다. 하지만 음식도 먹을 수 없고 딸조차 황금 조각상이 되는 저주를 받았다. 간청 끝에 원래의 미다스로 돌아오고 딸도 인간이 되었지만, 어리석은 그는 뒷날 아폴로의 응징을 받아 두 귀가 나귀 귀로 변해버렸다.

경문왕은 즉위 뒤에 갑자기 귀가 당나귀 귀처럼 길어졌다. 다른 모든 사람은 물론 왕후조차 모르게 했다. 오로지 왕의 모자를 만드는 사람만이 이 사실을 알았다. 하지만 그는 평생 왕의 비밀을 지켰다. 마침내 죽을 때가 되시야 도림사라는 사찰의 대밭 속 아무도 없는 곳으로 갔다. 한 번도 입 밖에 내지 못했던 말인 "우리 임금님 귀는 당나귀 귀다"를 외쳤다. 그 뒤부터 바람이 불면 대나무에서 그 소리가 났다. 왕이 알고 이를 싫어하여 아예 대나무를 베어내고 산수유를 심었다고 한다.

이 설화는 흔히 비밀을 간직하고 지내는 것의 답답함, 하고 싶은 말을 참고 지내야 하는 갑갑한 상황에 인용된다. 많은 사람들이 모자 만드는 사람의 심정에 공감한다. 살다보면 차마 할 말을 못하는 상황이 많기 때문이다.

그런데 정작 설화에 보이는 경문왕의 심정은 어떠하였을까? 늘 모자를 쓰고 귀를 가려야만 했던 그의 갑갑함은 어떠한가? 심지어 왕후조차 모르게 할 정도로 귀 모양새에 대한 콤플렉스에 사로잡힌 그의 삶은 어떠한가?

역사적으로 경문왕은 집권 초기의 정치적 혼란을 수습하고 신라 하대 자신 가문의 왕위 계승을 안정시킨 국왕이다. 그런 국왕의 지위를 누리면서 귀가 당나귀의 귀처럼 생긴들 거리낄 게 무엇일까 싶다. 하지만 경문왕은 끝내 그 강박관념에서 벗어나지 못하고 '임금님 귀는 당나귀 귀'라는 소리를 내는 대나무까지 벤 후 산수유를 심게 했다. 그는 드러내지 못하는 문제에 스스로 속박되었다.

우리는 모자 안에 꼭꼭 감추어둔 저마다의 당나귀 귀를 가지고 있다. 아무도 모르게 숨겨두어도, 정작 당사자인 나는 잘 알고 있다. 가장 가까운 사람에게조차 차마 털어놓지 못한다. 강박관념은 불편한 모자를 잠 잘 때조차 벗지 못할 만큼 나를 옥죄고 억누른다. 나의 콤플렉스는 그렇게 억지로 가린 덮개 아래에서 짓무르고 덧난다.

한 시대를 풍미한 사람들도 끊임없이 열등감과 싸웠다. 가난해서, 서얼이라서, 외모가 흉해서, 집안이 한미해서, 글재주가 달려서, 아버지나 형이 더 잘나서……. 이유를 열거하려면 사람의 숫자만큼 늘어놓아야 할 정도로 모든 사람은 저마다의 콤플렉스가 있었다.

하지만 그들의 삶은 그들이 가졌던 열등감으로 규정되지 않는다. 치열하게 살다 간 흔적이 고스란히 남았기 때문이다. 그러한 삶을 탐구하는 일은 나로 하여금 마음에서 거추장스러운 모자를 벗는 용기를 갖게 했다. 나의 모습일 뿐인데, '당나귀 귀'로 가슴앓이하며 시간을 낭비하기에는 생이 너무 짧다. 당나귀 귀도 내게는 나다움이다. 자신을 열등감으로 규정할 것인지, 주어진 조건에서 제 몫을 열심히 해나간 사람으로 규정할 것인지는 나의 선택이다.

역사를 공부하는 일은 사람을 만나는 일이다. 수천 년 역사에 이름을 남긴 이들의 삶을 이리저리 들여다보는 작업이다. 역사에 자취를 남긴 그들에 비하면 나는 바람이 부는 대로 흔들리는 들판의 이름 모를 작은 풀에 불과하다. 하지만 나는 나이다.

2

변화 속에 살아가기

가지 않은 익숙한 일

조상님 신주와 불쏘시개 나무조각

"신주 모시듯 한다"는 속담이 있다. 집안에 모신 신주가 없는 세상인데 여전히 사용되는 말이다. 무엇인가 정성을 다해 매우 조심스럽게 다루는 모양을 표현할 때 쓴다. 조선시대에 조상의 신주는 사당에 모셔지거나, 사당을 갖추지 못하면 벽에 공간을 만들어 모셨다. 신주 그 자체를 조상으로 간주하며 정성을 다해 다루었다.

조선 성종 대 경기도 마전에 살던 홍씨 여인은 집에 불이 났는데도 불구하고 불길을 무릅쓰고 신주를 안고 나왔다. 철 따라 나는 물건이나 새로운 음식을 반드시 신주 앞에 먼저 바친 뒤에 먹었다. 말 그대로 신주를 정성으로 모시고 살았다. 국가는 이를 칭송하여 그녀가 사는 마을에 정문[6]을 세워주고 자손에게는 벼슬을 내리라고 하였다.[7]

황해도 해주에 살던 이씨 여인은 집안에 갑자기 불이 났는데, 오히려 불 속으로 뛰어 들어갔다. 불길을 빠져나오지 못하고 남편의 신주를 껴안고 결국 죽고 말았다. 국가에서는 그녀의 행동을 기려 정문을 세우라고 하였다.[8]

두 여인의 경우를 보듯 신주는 나무로 제작한 위패였지만, 생명의 위협에도 불구하고 지켜야 할 귀한 존재였다. 만일 신주를 훼손하면 사람에게 상해를 입히거나 시신을 훼손한 법률을 적용할 정도의 엄한 형벌로 다스렸다. 심지어 신주를 넣어두는 주독을 훼손해도 악질적인 패륜죄로 취급하였다.

하지만 사람이 사는 세상은 언제나 변하기 마련이다. 조선 후기의 유명한 학자이며 관료인 다산 정약용의 조카 정하상(1795~1839)은 천주교를 자신의 신앙으로 받아들였다. 정하상은 1839년 천주교 박해 시 재상인 우의정 이지연에게 천주교를 설명하는 「재상에게 올리는 글(上宰相書)」을 작성하였다. 그의 요청대로 체포된 다음 날 재상에게 전달되었으며, 현재 필사본과 한글 번역본이 전해진다.

이 글에서 정하상은 매우 논리적으로 천주교의 교리를 설명하였다. 별도로 글을 첨가해 당시 천주교 박해의 주 원인이 된 조상 제사와 신주를 모시는 일이 이치에 맞지 않음을 지적하였다.

그는 천주교인도 부모의 뜻을 받들고 봉양함에 예와 힘을 다한다고 강변하였다. 다만 죽은 사람 앞에 술과 음식을 차려놓는 일을 금할 뿐이라고 설명하였다. 먹고 마시는 것은 육체에 필요한 일이기 때문이라는 것이다. 잠든 동안은 먹고 마시는 때가 아니므로, 아무리 효자여도 부모가 잠들어 있는데 음식을 차려드리지는 않는 것이 이치라고 하였다. 잠시 주무실 때도 그러한데, 하물며 영원히 잠든 부모에게 곡식과 과실을 차려드림은 헛되고 거짓된 일이 아니냐고 반문하였다.

　유교식 조상 제사에 대해 왈가왈부하지는 않겠다. 다만 정하상의 주장은 틀린 것이 아니라 전혀 다른 관점이었다. 신주에 대해서도 마찬가지이다. 정하상은 신주는 그저 한낱 나무조각일 뿐이라고 단언하며, 모실 까닭이 없다고 하였다. 나무로 만든 신주는 부모님의 육신과 아무 관련이 없고, 낳아서 길러주신 수고와도 전혀 상관이 없다 하였다. 그것은 단지 목공이 나무로 만들어 분을 칠하고 먹을 찍은 것뿐인데, 이를 어떻게 아비 어미로 취급할 수 있느냐고 반문하였다. 아비와 어미라고 부르는 일은 참으로 중대한 일인데, 어찌 그 나무조각을 아비 어미로 간주하느냐며, 이치에도 맞지 않고 근거도 없으며 양심이 허락하지 않는다고 하였다.

　세상은 변화하고 있었지만 오래도록 통용된 가치관을 지닌 대다수의 사람과 정하상의 생각은 대립했다. 신주를 목숨처럼 지켜야 할 절대적 가치를 지닌 물품으로 섬긴 사람과, 목공이 만든 한낱 나무조각으로 보는 사람이 서로 같은 시간대에 뒤섞여 호흡하고 있었다. 조선사회에서 이러한 관점의 차이는 국가권력에 의해 많은 천주교인의 목숨을 앗아간 박해로 이어졌다. 개인적 신앙에 기초해 신주를 바라보는 시선의 '다름'은 목숨이 달린 문제가 되었고, 국가권력에 의해 '틀림'으로 규정되었다.

 모두가 당연히 조상처럼 소중히 받들고 모시던 신주가 다른 누군가에게는 불쏘시개로 사용할 나무조각에 불과했다. 내가 지닌 믿음이나 신념은 다른 누군가에게는 전혀 다른 의미일 수 있다. 온 지구가 하나로 뒤섞여 돌아가는 것 같은 현대는 지구 위 사람의 수만큼이나 다양한 신념과 가치관이 있다. 누구도 '다름'을 '틀림'으로 간주하며 억압을 가할 권리는 없다. 그런데도 불구하고 여전히 '다름'을 놓고 마치 목숨이라도 걸듯 분쟁하는 것은 아닌지 돌아볼 일이다.

서얼 홍길동의 설움을 공감한 변화

'홍길동'은 은행이나 관공서 등 각종 서식에 이름 써넣는 칸에 가장 흔하게 예로 제시되는 이름이다. 그런데 하필 서얼의 설움으로 집을 나가 도적의 우두머리가 된 홍길동이 한국인 이름을 대표하게 되었을까?

조선시대 허균(1569~1618)의 작품으로 전해지는 소설 『홍길동전』은 여러 판본이 있다. 주인공 홍길동은 아버지를 아버지라 부르지 못하고, 형을 형이라 부르지 못하는 서얼[9]의 한을 품은 젊은이다.

한국사에서 서얼차별정책은 조선 초기부터 목격된다. 조선의 기본 법전인 『경국대전』 편찬 이후 본격적으로 시행되었다. 가장 큰 공식적 차별은 관직 진출 제한이다. 사회적으로 서얼에 대한 폄하와 차별도 심화되었다. 서얼의 지속적인 반발 역시 이어졌다. 집단적인 상소가 이어지고, 역모 혐의도 발생하였다.

인조가 처음으로 일부 자리에 서얼 기용을 허락했지만, 성과를 거두지 못했다. 영조도 서얼의 진출을 허락하고, 정조도 절목으로 반포했다. 하지만 시행이 용이하지 않았다. 왕명에도 불구하고 관습과 편견으로 서얼에 대한 차별은 여전했다. 이를 놓고 서얼로서 매우 드물게 관직에 진출한 성대중(1732~1809)은 "임금의 명령보다 세상의 풍속이 더 무섭다"는 장자의 말을 빌려 탄식하였다.

그런데 서얼의 설움만큼이나 꼭 주목해야 할 역사적 사실이 있다. 일찍부터 여러 사람이 서얼 차별의 부당성을 인식하고 문제를 제기했다는 점이다. 당대의 내로라하는 양반들이 부단히 서얼에 대한 정책을 비판하고 나섰다.

의병장으로도 알려진 유학자며 관료인 조헌(1544~1592), 영의정을 역임한 최고의 양반이며 비범한 학자로 인정받은 이원익(1547~1634), 영의정 최명길(1586~1647) 등 많은 이들이 서얼 차별을 반대하였다. 이들은 "서얼 차별은 예부터 내려오는 법이 아니니 명분이 없다", "인재 등용에는 재능만 있으면 그 사람의 문벌은 논하지 말아야 한다"고 상소하였다.

우수한 명문 집안 출신인 판서 이무(1600~1684)는 서얼의 허통을 막는 잘못을 분명하고도 절실하게 논하여 듣는 사람이 눈물을 흘릴 정도였다고 한다. 숙종 대에는 받아들여지지는 않았지만 송시열(1607~1689)의 문인 남극정 등 988명이 서얼 차별을 반대하는 상소를 올린 일도 있다.

이조판서 최석정(1646~1715)도 서얼을 막는 것은 본래 옛날의 제도도 아닐 뿐더러 너무 심한 법이라고 상소하였다. 그는 "하늘이 인재를 내되 귀천을 달리하지 않는다"고 하며, 중국은 물론 이전 왕조인 고려에서도 시행하지도 않은 법을 조선만이 홀로 행한다고 비판하였다. 재능이 뛰어난 선비라도 서얼이면 궁벽한 촌락에서 가난하게 얼굴이 누렇게 떠서 죽어가고 있다면서, 어찌 반드시 본처의 아들이어야 충성된 신하이겠냐고 반문하였다.

이긍익(1736~1806)은 서얼 차별에 대한 평론을 통해 서얼이 감히 아버지를 아버지라 부르지 못하게 하는데, 천하에 어찌 아버지 없는 사람이 있겠느냐고 개탄하였다. 그러면서 서얼 차별은 윤리와 기강에 어그러진 일이라고 비판하였다.

대대로 벼슬한 명문 양반 가문 출신으로 문신이며 학자로 유명한 유수원(1694~1755)도 서얼 문제를 혹독하게 비판하였다. 그는 자신의 저서인 『우서』에서 문답 형식으로 이 문제를 길게 다루었다. 사람을 예로 대해야 하는데 서얼이라고 천대하면서 오히려 공손하게 굴기를 요구하니, 어찌 미움과 원망이 없겠냐고 반문하였다. 서얼이 관직에 나가는 문제에 대해서도, 집안에서 천첩 소생이건 말건 상관없이 국가는 그 사람 자체의 자질을 보아 등용할 따름이며, 어찌 자질이 아니라 집안의 귀천을 분별하여 등용 여부를 가리느냐고 하였다.

유수원은 특히 하늘을 하늘이라 부르고 임금을 임금이라 부르지 못한 적이 없는데, 어찌 자식으로서 아버지를 아버지라고 부르지 못하게 하느냐고 개탄하였다. 그는 부자간의 윤리는 하늘로부터 받은 것이어서 사람이 함부로 떼어놓을 수 없는데, 그 아버지를 아버지라고 부르지 못하게 하는 것은 인륜을 극히 해친다고 하였다. 그는 세상 사람들이 몽매해서 이를 이상하게 여기지 않으니 참으로 통탄할 일이라고 비판하였다.[10]

이러한 목소리를 낸 사람들은 서얼이 아니었다. 내로라하는 명문가 출신으로 학자며 관료로 이름을 높인 이들이었다. 그들은 서얼의 설움을 깊이 공감하며, 잘못된 관습을 고치기 위해 노력하였다. 어떤 세상에 살고 싶은가에 대한 진지한 물음을 갖고 있는 사람들이었다. 자신의 개인적인 신분이나 지위를 떠나, 무엇을 고치고 변화시켜야 하는지 정확하게 파악했고 그 실현을 위해 직접 움직였다.

세상의 변화를 일으키는 근저는 이러한 저항에서 시작된다. 시대의 모순을 인지하고 다른 이들의 어려움에 공감하며 공존의 지혜를 구했던 사람, 문제 해결의 방향이 남달랐던 사람, 이러한 사람들의 움직임으로 세상은 조금씩 변화해왔다.

대부분의 사람들은 관습을 따라 별 문제의식 없이 첩을 얻고, 자식을 낳았다. 그들은 자식의 고통을 외면한 홍길동의 아버지 홍 판서와 같은 사람들이다. 자신이 저지르는 잘못을 깨닫지 못한 채 홍길동의 어머니를 첩이라고 학대한 본처도 있었다. 좁은 식견과 무관심으로 다른 이의 고통을 외면한 수많은 홍 판서와 본처가 있었다. 그들은 그 체제 안에서 이름 없이 사라졌다.

다른 한편, 소설 속 홍길동은 마지막에 조선을 떠나 자신이 발견한 율도국으로 떠났다. 이것은 오늘 우리의 이기적인 삶에 대한 경종이다. 홍길동이 그러했던 것처럼 지금 이 세상에는 사무치는 설움, 분노, 좌절을 안고 사는 이들이 많다. 그들은 이미 태어났을 때부터 주어진 조건으로 인해 당해야 하는 인종차별, 성차별, 질병, 빈곤의 고통 속에 놓여 있다.

나의 무지와 무관심은 누군가에게 고통일 수 있다. '갑질'을 자신의 당당한 권리로 여기는 '갑'의 위치에 있는 사람이 있다면, 그들 옆에서 비겁한 공모를 저지르면서 깨닫지 못하는 사람도 있다.

우리에게 율도국은 없다. 여전히 문제투성이라 해도 지금의 사회는 무한한 대가를 치르고 얻은 결과이다. 우리에게 주어진 오늘은 전염병이 돌고, 무고한 희생과 끔찍한 죄악이 자행되고, 일상의 삶이 산산조각 났음에도 불구하고 포기하지 않고 살아낸 사람들이 있었기에 가능한 날이다.

세상을 뒤흔들 능력을 가진 슈퍼 히어로도 아니고, 절대 권력을 쥔 통치자도 아닌 개인이 할 수 있는 일은 무엇일까. 우리 모두가 뒤죽박죽인 온갖 다양함의 세상에서 서로의 설움을 보고 들을 수 있는 눈과 귀, 그것부터 열어둬야 함을 잊지 말아야겠다. 그 힘이 세상의 변화를 이끌어내는 동력임을 역사가 보여준다. 홍길동이 한국인 이름을 대표하는 자리를 차지한 것은 그 동력이 우리 역사에 작용해 왔다는 증거다.

스펀지와 돌덩이

세상의 변화 속에서 가장 변화의 속도가 더딘 상장례, 혼례도 시대와 지역에 따라 전혀 다르게 변화해왔다. 인류가 생겨난 이래 사람들은 변함없이 서로 사랑하고, 더불어 살고, 죽음을 슬퍼하였다. 그 마음을 담아 치르는 의례는 시대마다 그 형식과 내용을 달리했다. 기원전 2세기경부터 494년까지 북만주 지역에 있던 부여는 형이 사망할 경우 형수를 아내로 삼는 '취수혼'의 풍습이 있었다. 고구려에도 9대 고국천왕이 사망(197)한 뒤 그 왕후가 시동생 연우(고구려 10대 산상왕)와 결혼한 사례가 있다. 그러나 그 뒤 3세기를 지나면서 점차 취수혼은 소멸한 것으로 이해된다.

한반도에서는 사라졌지만 북방의 유목민족은 여전히 취수혼의 풍속을 이어갔다. 조선시대에 북방지역에서 조선으로 귀화(당시는 향화라고 표현)한 사람들이 여전히 이 풍습을 지니고 있어 문제가 되었다. 함경도를 다스리던 이원(1368~1429)은 각 고을에 흩어져 살고 있는 귀화인들이 4촌, 5촌도 꺼리지 않고 혼인할 뿐더러, 심지어는 형이 죽으면 형수를 데리고 산다고 보고하였다. 그는 윤리를 해치는 이 풍속을 일절 금하고 어기는 자는 법에 따라 죄를 주게 해달라고 보고하여 허락을 얻었다.[11]

북방지역에서는 익숙한 풍속인 취수혼이 조선에서는 심각하게 윤리에 어긋나는 일이었다. 사실 취수혼은 형이 사망한 뒤 형수가 재혼하여 떠나면 발생하는 인적, 물질적 손실을 막기 위한 방편이었다. 다른 한편으로는 생존할 능력을 갖추지 못한 과부와 그의 자녀를 보호하려는 측면도 있었다. 이러한 취수혼은 특히 한곳에 정착하지 않는 유목민족에게는 합리적인 혼인 풍속이었다.

2018년 1월 25일에 청와대 게시판에는 형이 사망한 뒤 형수와 결혼할 수 있도록 법으로 허락해달라는 청원글이 올라왔다. 현행 민법으로는 혼자되었어도 형수와 시동생이었던 관계는 결혼할 수 없기 때문이다.(민법 제809조)

어느 날 수업 도중 한 학생이 물었다. 시대마다 모든 것이 전혀 다르게 변하는데, 우리가 찾을 수 있는 역사적 진실이 무엇이냐는 질문이었다. 시대가 어떻게 변하든 사람들은 여전히 결혼을 하고, 국가는 늘 법으로 그것을 규정한 것이 변하지 않는 사실이라고 답했다.

혼인과 장례 풍습도 지역과 시대에 따라 다양하다. 세상에 변하지 않고 고정된 것은 없다. 백 년도 못되는 삶이 거대한 역사의 변화와 맞물리기도 하고, 그다지 주목할 만한 큰 변혁이 없어 보이는 시기를 살다 간 사람도 있다. 어떤 시기를 살았든 개인의 삶은 늘 그 안에서 전환기를 맞았다.

세상은 늘 새로운 질서를 잉태하고, 변화에 대한 열망으로 타오르고 있다. 그와 동시에 우리에게는 익숙한 것을 그대로 지키고 싶은 강렬한 욕구 또한 존재한다. 기억해야 할 사실은 나의 선택이나 바람과 상관없이 세상은 오늘도 변하고 있다는 점이다. 그러므로 다른 신념, 다른 가치관, 다른 문화에 늘 눈을 열어둬야 한다. 이 흐름은 내 선택으로 바꿀 수 없고, 나는 새로운 시대를 받아들일 수밖에 없다.

하루가 다르게 바뀌는 세상에서는 더욱이나 잘 흡수하는 스펀지 같은 사람이 되어야 한다. 스펀지는 흡수 능력이 탁월하다. 물을 아무리 흡수해도 망가지지 않는다. 물 내지 액체와 더불어 쓰임새가 요긴한 상태가 된다. 그 탄성과 흡수력은 오늘날처럼 변화의 속도가 빠른 세상을 살아가는 우리 사고에 요긴한 속성이다.

달려온 길에서
벗어날 때

차를 운전하고 다니다보면 길이 막혀 난감한 상황에 처할 때가 있다. 모처럼 나선 길인데 오도 가도 못하기도 한다. 그럴 때 나는 샛길로 가보려는 용기를 내지 못했다. 아무리 심하게 막혀도 운전대만 부둥켜 잡고 늘 다니는 익숙한 길에서 벗어나지 못했다.

막힌 길을 벗어나 다른 길로 가면 의외로 차가 잘 빠질 수도 있고, 오가기 더 편한 새로운 길을 알아낼 수도 있다. 혹시 기껏 시도한 다른 길 역시 막힌다 할지라도 특별히 손해를 보거나 크게 낙담할 일도 아니다. 그럼에도 막힌 길에서 주저주저하면서 시간을 보내기 일쑤였다.

삶에서도 마찬가지이다. 어떤 이유로든 현재의 길이 답답하고 힘들거나, 아니 그냥 싫을 때라도 다른 길을 모색하는 용기와 결단력이 필요하다. 가보지 않은 길이지만, 막상 나에게 아주 잘 맞는 길일 가능성이 있기 때문이다. 설사 그렇지 않아도 그 시도 자체가 주는 의미는 사뭇 크다. 다음 도약의 밑거름이 되기 때문이다.

가던 길에서 방향을 틀지 못하는 까닭은 변화에 대한 두려움과 길들여진 익숙함 때문이다. 발걸음을 내딛어야 하는 용기와 결단력이 필요할 때, 여전히 두려워 주저될 때, 조용히 먼저 살아낸 사람들의 궤적을 따라가보곤 한다.

고려 말 조선 초에 이름을 남긴 유학자 길재(1353~1419)는 당대의 학자인 이색, 정몽주, 권근의 문하에서 학문을 익혔다. 마침내 국립대학인 국자감에 들어가 과거에 합격하였고, 관료로 진출하였다. 뒷날 조선의 3대 국왕인 이방원과 한마을에 살았고, 더불어 오가며 함께 학문을 익혔다.

이성계가 위화도회군으로 정권을 장악하고 창왕이 즉위한 이후에도 길재는 관직을 이어나갔다. 그렇게 달려온 삶이었지만 공양왕이 추대되는 상황으로 이어지자, 그는 걸어오던 길에서 스스로 벗어났다. 벼슬을 내어놓고 금오산으로 내려갔다. 몇 번의 부름이 있었지만, 길재는 새 왕조에 벼슬하지 않는다는 자신의 맹세를 평생 지켰다.

벼슬의 길에서 나온 길재는 학문에 정진하며 성심으로 주변에 전하였다. 학문을 가르치는 일에 있어서 길재는 특히 양반만이 아니라 신분이 낮은 사람도 모아 가르쳤다. 그는 다음과 같은 시를 남겼다.

차고 맑은 샘물에 손을 씻고,

높고 무성한 나무에 몸을 기대노라

관동들 찾아와 글자를 물으니

그런대로 더불어 소요할 만하구나

시냇가 초가에 홀로 한가롭게 사니,

달 밝고 바람 맑아 흥취가 넘치는구나

밖에 손님 오지 않으니 산새와 이야기하고,

대밭에 평상 옮겨놓고 누워서 책을 보네

길재는 조선왕조 내내 국왕을 비롯해 사대부들로부터 절개를 지킨 충신으로 추앙받는 명예를 누렸다. 후학을 길러내고 승려나 평범한 부녀자들도 그의 가르침에 영향을 받았다고 할 정도로 세상에 영향력을 행사하였다. 관료로서의 길을 벗어난 뒤 그의 삶은 오히려 역사에 큰 족적을 남겼다.

역사학에서는 '만일'을 가정하지 않는다. 역사학은 이미 일어난 일을 연구하는 학문이기 때문이다. 하지만 만일 길재가 벼슬을 계속 했으면 어떠하였을까? 수많은 관료 가운데 한 명으로 이름을 남겼겠지만, 조선왕조 내내 지금에 이르기까지 절의의 상징으로 추앙되는 학자로서는 아니었을 것이다.

사람은 누구나 성장하면서 갖게 되는 삶의 방향이 있다. 집안의 분위기에 따라 암암리에 받아들인 경우부터 스스로 결정하고 선택한 길을 걷기도 한다. 달려가던 길에서 어느 날 돌부리를 만나기도

하고, 다른 옆길이 눈에 들어올 때도 있다. 명확하게 다가오는 다른 길 없이 더 이상 지금 걷고 있는 길을 가고 싶지 않은 경우도 있다.

달리던 길에서 벗어날 때, 나를 기다리고 있는 것은 절벽이 아니다. 여전히 내가 걸어갈 수 있는 또 하나의 길이 열린다. 먼저 살아간 많은 분들이 그것을 증명해주고 있다. 두려움을 걷어내고 그것을 믿으면, 용기를 내는 일이 보다 쉽지 않을까 한다. 변화 앞에 두려울 때, 새로운 시도 앞에 주저될 때 수많은 사람들이 떠나서야 이루어낸 그 삶을 들여다보자. 방향을 바꾸었기에 얻은 삶의 궤적을 마음으로 함께 걸어가보자. 그것이 역사 속 사람들에게 얻은 용기이며 두려움을 걷어내는 힘이다.

마당에 차려졌던 밥상

밥상머리교육 또는 식사 예절은 여전히 중요하다. 수년 전부터 교육부는 부모와 자녀가 함께 참여하는 '밥상머리교육 체험 프로그램'도 개설하였다.

나는 자랄 때 밥상 앞에서 늘 할머니에게 일장 훈육을 들었다. 말씀 중에 돌아다니면서 먹지 말라는 철칙이 있었다. 첫술을 뜨면서부터 마칠 때까지 꼼짝 않고 밥상 앞에 앉아 조용히 먹어야 했다. 그런 할머니가 가끔 마당에 밥상을 차리는 일이 있었다. 이런저런 '거지'가 대문에 찾아올 때였다.

내가 어릴 때, 1960년대 후반에서 1970년대 초반까지만 해도 가끔 한센병 환자나 상이군인이라고 말하는 분들이 대문 밖에 찾아왔다. 그 당시 우리 가족은 서울의 평범한 단독주택에 살았고, 작은 마당이 있었다. 할머니는 그들이 오면 마당에 돗자리를 깔고, 둥근 소반에 밥을 차려 들어와 식사하게 하였다.

평생 천주교 신자였던 할머니는 배곯고 떠도는 이들이 가장 불쌍하다며, 대문을 두드리거나 골목에 어슬렁거리는 사람을 마당으로 들여 소반을 내어주셨다. 그렇지만 나는 집안에서 나오지 못하게 하셨다. 방 안에서 까치발을 한 나는 창문을 통해 찾아온 이들이 밥을 먹는 장면을 몰래 보고는 했다. 사람들이 식사를 마치고 떠나면, 할머니는 마당을 깔끔히 정리하고 대문도 닦으셨다.(기억에 소금물을 사용하셨다) 그러고는 소반을 마당 어디엔가 다시 놔두곤 하셨다.

배고픔과 가난은 나라님도 해결하지 못한다는 말이 있다. 백성의 굶주림을 돌보는 구휼정책은 국가의 매우 중요한 사업이었다. 그럼에도 가난하고 굶주리는 이들은 늘 있음에 대한 자조적인 속담처럼 들린다. 근대 이전 농업 위주의 사회에서 가뭄, 장마, 병충해 등으로 인한 흉작은 곧 굶주림으로 이어졌다. 흉년이 들고 수시로 발생하는 재해로 인해 굶주리는 이가 심하게 늘어날 때는 늘 백성들이 '초근목피(풀뿌리와 나무껍질)'로 버틴다는 보고가 올라왔다.

『징비록』의 저자로도 유명한 문신 유성룡(1542~1607)이 지방을 두루 돌며 올린 보고가 있다. 곤궁한 백성들이 초근목피로 연명하는데, 그나마 소금이 없어서 간을 맞출 수 없어 제대로 먹지도 못한다고 하였다.[12]

이러한 시기에 굶주린 백성을 돌보는 국가의 책임은 사대부들도 함께 감당해야 할 몫이었다. 사대부가 마을의 가난한 백성에게 곡식을 내어준 기록은 어렵지 않게 찾을 수 있다. 조선 후기 선비 이자일은 마을의 가난한 사람들에게 곡식을 내어 먹이는 일을 즐겨 사람들이 그를 '의장義藏'[13]으로 불렀다고 한다. 그런가 하면 어쩔 수 없이 배곯는 이들이 존재하는 현실 앞에 자신을 탓하기도 하였다. 조선 후기 이현일은, "봄에 읍의 관리가 진휼하는 일을 맡겼는데 부끄럽게

도 재주와 힘이 일을 처리하기에 부족하니, 과연 썩은 선비는 쓸모가 없는 것입니다"라며 한탄하였다.[14]

족보를 거론하며 집안에서도 가마로 이동했다고 말씀하시던 할머니는 조금 먹고살 만하면 베풀어야 한다는 의식과 천주교 신심이 함께 있는 분이셨다. 늘 곁에 계셨던 할머니는 내가 대학교 3학년 때 86세로 돌아가셨다. 며칠을 앓으시던 할머니는 돌아가시기 하루 전에 갑자기 잠시 말문이 열리셨다. 옆을 지키던 나에게 좋은 사람 만나서 결혼하라는 말과, 누군가 배곯고 외롭고 힘든 사람에게 따뜻한 밥을 대접하는 사람이 되기를 원한다는 당부를 남기고 떠나셨다.

세상은 달라지고, 배곯는 이들이 대문으로 오는 일은 없어졌다. 이제는 우리가 그들을 찾아가 만나야 하는 시대가 되었다. 먹을 것이 넘쳐나는 세상 같아도 지구촌의 굶주림은 심각하고 영양 결핍도 오히려 증가하고 있다. 2020년 현재, 전 세계에서 사망한 사람 가운데 굶주림으로 사망한 사람의 수는 매일 수만 명에 이른다.[15] 세상은 달라졌지만 굶주리는 이들은 여전히 존재한다.

군데군데 칠이 벗겨졌던 그 동그란 나무 소반은 기억에 선명한데, 나는 내 할머니의 밥상에 먼지만 쌓이게 하고 있다.

변화와 안정의 모순

유교에서 변화를 이끌어내는 일은 지배자가 갖춰야 할 주요한 덕목이었다. 조선의 국왕과 위정자들은 중국 후한 최식崔寔의 '성인은 세상의 변화와 함께 잘 변해나가지만, 속된 선비는 변통할 줄을 몰라 일을 그르친다'는 고사를 왕왕 인용하였다. 변화에 잘 대처하지 못하는 고식적인 정책으로는 위기를 제압할 수 없음을 경계한 말이다.

어느 날 조선 성종이 나쁜 풍습이 만연함을 개탄하며 이를 잘 다스릴 것을 명하였다. 이에 대해 정승 민진원은 총명한 임금이라면 반드시 변화에 대처하는 방도가 있다 하며 그 책임을 왕에게 돌렸다.[16] 정조가 풍속은 모두 위에 있는 사람의 책임이라고 한 것은 이러한 맥락에서였다. 자리에 함께 한 관료 역시 군주로서 상황에 잘 대응해줄 것을 요구하였다.[17] 이처럼 군주는 세상의 풍속에 책임이 있는 존재였다.

위정자는 군자로서 자질을 갖추어야 했다. 세상의 변화를 이끌어내고, 이를 잘 다루는 일은 지배자인 왕이 갖추어야 할 능력이자, 현명한 선비의 자질이었다. 이는 우리에게 익숙한 "군자의 덕은 바람과 같고, 소인의 덕은 풀과 같다"는 구절을 떠올리게 한다. 바람을 일으키는 것은 군자이고, 백성은 그 바람에 쓸려서 움직인다는 뜻이다.[18]

군자는 바람이고 백성은 풀이라는 개념은 오늘날 민주사회의 정치와는 전혀 다른 논리이다. 지금은 풀이 일으키는 바람의 방향으로 군자의 덕이 움직여주어야 옳은 일이다. 다만 군자가 세상의 변화를 일으키고 추진하는 존재라는 유교의 가르침은 함께 나아갈 방향을 잡는 안목과 추진력을 갖추기 쉽지 않다는 의미로 재해석할 수 있다.

변화를 위해서는 지금까지 길들여진 습관을 버리거나 수정해야 한다. 때로 모험을 감수해야 하고, 위험부담도 져야 한다. 부담은 새로움을 추구하기 어렵게 만든다. 막상 기회가 주어져도 거부하거나 적응하기 힘드니, 오히려 끊임없이 안정이라는 굴 안에 들어가기를 선호한다. 현재에 불만이 없거나 더 나아졌으면 하는 소망이 없어서가 아니다. 비록 누추한 것일지라도, 익숙한 것을 바꾸기가 부담되기 때문이다.

변화는 숙명이다. 변화와 안정은 현재진행형으로 동시에 내 삶에서 일어나고 있다. 이 이중주가 안정을 향해서만 기운다면, 삶의 여정에 바퀴가 하나 빠진 자전거를 타는 격이다.

콩 심은 데
콩 나지 않는다

속담에는 무릎을 탁 치게 만드는 교훈과 지혜가 있고, 웃음이 나오게 하는 풍자와 해학도 담겨 있다. 속담이 반드시 도덕적이거나 긍정적인 내용만을 담지는 않는다. 속담이 속담인 까닭은 입에서 입으로, 세대에서 세대로 사람들이 그 말에 '공감'하였기 때문이다. 사람들은 특정한 사실이나 상황을 적절하고 요긴하게 설명하기 위해 속담을 사용해 왔다.

옛 유학자의 문헌에도 자주 속담이 등장한다. 대부분 아는 내용이지만, 생소한 표현도 많다. 예컨대 "자기 집안의 낡은 빗자루를 천금처럼 소중히 여겨 간직한다"는 속담이 있다. 제 분수를 모르는 과실 혹은 제가 가진 것은 다 좋다고 생각함을 이르는 말이다. 뜻은 이해했지만, 익숙한 속담이 아니다. 그에 비해 현대사회와 동떨어진 표현임에도 우리가 여전히 애용하는 속담이 많다. '가는 날이 장날이다' 따위가 그것이다.

조선 후기 문신이며 학자인 성대중(1732~1809)은 속담을 비롯한 세간의 여러 이야기를 『청성잡기』라는 책으로 엮어 편찬하였다. 그는 서얼 신분에도 1753년(영조29) 생원이 되었고, 1756년 과거에 합격하여 벼슬길에 나아갔다. 성대중이 활동한 영조·정조 대에 이르면 배척과 차별에도 불구하고 많은 서얼이 과거에 합격하고, 관료로도 진출했다. 성대중은 지방관으로 선한 정치를 베푼 공로로 포상을 받고, 학문적으로는 당대의 문신과 교류하며 학풍을 발전시키는 등 서얼로서 관직에 진출한 상징적 인물이었다. 1765년(영조41) 영의정 홍봉한이 '서얼이지만 뛰어난 인재'라고 추천할 정도였다.

성대중은 『청성잡기』에 '딱 잘라 한 말' '깨우치는 말' 등의 목차를 지어 단적으로 비판하는 여러 글을 실었다. 그 가운데 "콩 심은 데 콩 나지 않는다"는 제목으로 사람의 품성과 재능은 출신과 상관없음을 논한 글이 있다. 집안 어른이 반역한 신하였지만, 후손은 절의를 지키다 죽음까지 맞은 경우나, 아버지는 까막눈이었지만 아들은 글을 뛰어나게 잘 지어 역사책에 실린 경우를 들어 그 속담을 논박하였다. 출신으로 인한 편견, 개인의 선택이 아닌 주어진 조건에 따른 차별을 개탄하였다.

자연의 이치는 한 치의 오차도 없다. 콩을 심으면 반드시 콩이 난다. 모든 일은 원인과 결과가 있으니 팥 심으면 팥이 나기 마련이다. 하지만 그 속담을 사람을 규정하고 평가하는 비유로 사용하면 곤란하다. 개인의 능력이나 인격을 출신과 연관하여 평가할 수는 없다. 조선시대 사람이지만 시대를 초월한 분별력을 갖춘 성대중과 같은 사람이 될지, 지각 없는 대중으로 묻히고 싶은지는 본인의 선택이다.

지금은 개인의 인권과 가치가 존중받는 세상이다. 사람 자체보다 집안이나 자라온 환경만으로 판단하는 것은 폭력이다. 조상을 포함한 부모, 인종, 외모 등의 조건을 올가미로 씌울 수는 없다.

다른 속담으로 "지게 지고 제사를 지내도 다 제멋이다"라는 말이 있다. 유교사회에서 제사는 가장 격식을 차리고 남의 이목을 신경 써야 하는 의례였다. 그 제사를 지게를 지고 지내거나 말거나 다 내 멋이라는 것이다. 요즘 사회에 적용하기에 얼마나 멋진 속담인가!

현대사회에는 속담처럼 공감을 얻어 유행 어구로 정착하는 말들이 있다. 그것은 부정적이든 긍정적이든 우리 사회의 현주소를 말해준다. 무책임한 댓글, 무고 범죄 등이 문제화되면서 '아니 땐 굴뚝에서도 연기난다'처럼 원래의 속담에서 변형한 어구도 생겨났다. 현대에 적용해도 좋을 속담은 사용하고, 맞지 않는 속담은 재해석하여 새로운 시대와 걸맞은 유행어로 재탄생하길 바란다. 그리하여 우리의 대화가 한층 더 품위 있고 재치 있고 세련되길 소망한다.

깨진 것은 시루일 뿐

깨진 그릇에 빗댄 유명한 가르침이 있다. 중국 후한시대 곽태郭泰 또는 郭太(128~169)와 맹민孟敏이라는 사람의 첫 만남에 대한 이야기이다.

중국사에서 한나라, 특히 후한시대(25~220)는 한문漢文, 한족漢族 등의 용어가 상징하듯이 중화문명이 탄생한 시대이다. 문자를 기록할 수 있는 종이가 사용되고, 천체를 관측하는 기구가 제작되며, 실크로드가 다시 개척되는 등 문명의 커다란 진작이 이루어졌다. 유학은 이 시기에 국가 통치이념으로 자리 잡아 국학으로서의 위치를 갖게 되었고, 유학적 소양을 갖춘 뛰어난 지식인들이 출현하였다.

그 가운데 곽태는 매우 많은 일화를 남긴 학자이며 사상가이다. 조정의 부름도 거절하고 정치에 나서지 않았으며 교육에 전념했다.[19] 그에게 배움을 간청한 위소魏昭라는 자가 "경서를 배울 수 있는 스승을 만나기는 쉬워도, 타인의 모범이 되는 스승을 만나기는 어렵다"는 말을 역사서에 남길 정도로 학문과 인격으로 크게 존경받는 인물이었다.[20]

곽태가 길러낸 인재는 매우 많지만, 그가 인재임을 알아보아 길러낸 인물인 맹민에 관한 흥미로운 일화가 있다. 젊은 시절 맹민은 고향인 현재의 쥐루현(중국 허베이성의 남부)을 떠나 산시성 땅에서 객지

살이를 하였다.

어느 날 맹민은 장에 팔기 위해 시루를 지고 가다 떨어뜨려 깨트리고 말았다. 그런데 맹민은 뒤도 돌아보지 않았다. 이 광경을 목격한 곽태는 맹민에게 어찌 한 번 돌아도 안 보고 가버리느냐 물었다. 맹민의 대답은 간단하였다.

시루가 이미 깨졌는데 돌아본다고 무슨 도움이 되겠습니까?

곽태는 오히려 자신의 질문이 어리석음을 깨달았다. 그리고 젊은 맹민의 인물이 비범함을 알아보았다. 당시 맹민은 학문을 익힐 기회를 얻지 못하고 시루를 팔아 생계를 연명하는 처지였다. 시루를 지고 다니며 판다는 것은 농사지을 땅 하나 얻지 못했음을 의미한다. 흙으로 빚고 질그릇 가마에서 구워낸 시루를 이고 지고 다니며 팔아 생계를 유지하는 고달픈 처지였다. 곽태는 맹민에게 글을 배워볼 것을 권했고, 젊은 맹민은 마침내 천하에 이름이 알려진 큰 인물이 되었다.[21]

조선시대의 유학자들은 이를 두고두고 인용하며, 지나간 시간에 일어난 모든 일은 깨져버린 시루와 다름없다고 읊었다 이 일화는 지난 일이 부질없음을 의미하기도 하지만, 돌이킬 수 없음을 인지하라는 뜻이기도 하다.

우리 삶에 깨진 시루가 얼마나 많은가? 사연은 저마다 다르지만 미숙했던 실수, 부족했던 인격, 떠나버린 인연, 지울 수 없는 거절, 이미 장성한 자녀……. 더 이상 어쩔 수 없는 일을 내려놓지 못하면 깨진 시루를 부둥켜안고 있는 격이다.

맹민이 깨진 시루 앞에 주저앉아 조각을 맞추며 아쉬워했다면 곽태와의 인연은 맺어지지 않았다. 곽태와의 만남이 없었다면, 맹민은 자신의 학문적 능력과 도덕적 품성을 발휘할 기회도 없이 가난한 시루 장수로 삶을 마감했을지도 모른다.

깨진 것은 시루이지 내가 아니다. 내 삶의 동력은 나의 소유물이 아니라 나 자신이다. 깨진 시루를 뒤로하고 여전히 앞으로 걸어나가야 한다.

복고풍 장발과
코로나19의 장발

코로나 바이러스가 여전하다. 현재 머물고 있는 캐나다 밴쿠버는 많은 영업장이 여러 달 동안 문을 닫았었다. 병원, 슈퍼마켓 등 필수 매장으로 분류된 곳을 제외하고는 카페, 식당, 미용실 등이 정부 조처에 따라 영업을 못 했다. 대면 접촉을 피할 수 없는 미용실은 세 달 넘게 영업정지가 이어졌다. 조금씩 정부의 규정에 따라 영업을 재개하고 있지만, 정상적인 운영은 아직 요원하다.

상황이 이렇게 되자 여성의 경우는 잘 드러나지 않았지만 대개의 남성은 머리가 이마와 귀를 덮으면서 갈수록 덥수룩해졌다. 셀프 미용 기구의 온라인 주문이 폭증했다고 한다. 매일 카메라 앞에서 현황을 브리핑하는 캐나다 트뤼도 총리의 머리 길이 변화는 뉴스에서까지 다룰 정도로 화제가 되었다. 중고등학교 학생들이 온라인 수업을 받으며 남자 선생님의 머리가 갈수록 더부룩해진다면서 웃었다.

몇몇 한국 청년들이 자신의 머리가 1970년대의 장발족 같다고 하며 서로를 놀려대는 광경을 목격하였다. 아, 그들이 장발족 단속이라는 이름으로 행해진 끔찍한 폭력을 알기나 하는지!

1895년 11월 김홍집 내각은 성년 남자의 상투를 자르라는 '단발령'을 내렸다. 상투를 틀고 다니는 사람이 있으면 담당 관리인 체두관剃頭官이 길바닥에 꿇어앉혀 강제로 상투를 잘랐다. 사람들은 강제로 잘린 상투를 주머니에 넣고 목을 놓아 통곡하며 돌아갔다.

1970년대 시행된 장발 단속에서는 국가가 정한 규정보다 머리가 긴 사람은 범법자였다. 경찰관이 험하게 윽박지르며 바닥에 꿇어앉혀 강제로 머리카락을 잘랐다. 그 시절 나는 10대였다. 아직 기억이 남아 있지만, 그 기억의 영상은 지금과 전혀 다른 세상의 무성영화를 보는 듯 낯선 장면이다.

나는 중학교에 진학하기 위해 어릴 때부터 길러온 숱 많은 긴 머리를 귀밑 1cm로 싹둑 잘라야 했다. 그 경직된 시간 속에 엄마 등에 업혀서부터 다니던 성당은 나에게 안식처였다. 가족이 다니던 용산성당은 그 당시 언덕 꼭대기에 위치하고 있었다. 학교를 탈출하듯 성당에 가면 숨통이 트였다. 단짝처럼 붙어 다니던 친구도 성당 친구였다. 방학이면 새벽미사도 다녔다. 어둠이 여전한 새벽, 성당을 향해 골목을 걸을 때 '또각또각' 울리는 발자국 소리를 즐기며 걸었다. 지금은 제아무리 신앙심이 있어도 여중생이 하기는 어려운 일이지 싶다.

한번은 용산성당에서 외부 손님들이 오는 행사가 있었다. 지금은 주변이 전혀 달라졌지만, 용산성당은 좁고 비뚤비뚤한 골목을 지나 제법 올라가야 하는 곳에 위치해 있었다. 버스건 택시건 결국은 차에서 내려 한참을 걸어 올라야 했다. 행사에 방문하는 분들을 위해 성당의 중고등부 학생이 버스 정류장에서부터 성당 입구까지 길 안내 봉사활동을 했다. 성당에도 교복을 입고 가던 시절이어서, 나는 교복을 잔뜩 다려 입고 햇볕 아래에 종이 안내문을 들고 길 안내를 했다.

그 광경이 같은 학교를 다니던 누군가에게 목격되었고, 어떤 경로인지 담임선생님이 알게 되었다. 선생님은 나를 불러서 물으셨다. 질책 사유는 '남자 친구들과 다닌다'는 것이었다. 학교에 '선도반' 언니들이 내가 남학생과 길거리에 있는 것을 보았다며 이성 친구를 사귀는 용의자로 보고했단다. 중학생의 이성 교제는 당연히 금지되어 있었다. 교제는커녕 같이 다니기만 하여도 혼이 났다. 선생님은 네가 그럴 리 없다고 했지만, 그래도 목격자가 있으니 묻는다고 하셨다. 나는 억울하면서도 어이가 없었는데 왜 눈물이 펑펑 나왔는지 모르겠다.

최근 70 80이니 하는 이름으로 그 시대의 문화가 젊은 세대에게도 유행하고 있다. 패션이나 드라마 등 여러 분야에서 복고가 새로운 트렌드로 자리 잡았다. 지금의 눈으로 보면 촌스럽지만 친근하고 정겨움이 느껴진다. 분명 당시에는 한껏 꾸민 패션일 텐데 멋진 배우라 할지라도 소박하고 수수한 인상마저 든다.

하지만 복고풍이 대변하는 70, 80년대의 문화에 대해서는 분별력을 가질 필요가 있다. 패션은 과거로 돌아가도 상관없지만, 그 시절의 가치나 이념 가운데 현재로 끌어오면 곤란한 것들이 있기 때문이다. 수십 년이 흐른 지금도 추억이나 전통이라는 포장지를 뒤집어쓰고 곳곳에 살아 숨 쉬고 있는 그 시절의 망령을 보는 것은 비극이다.

성당 앞 포장마차에서 떡볶이를 사 먹고, 산들바람 불어오는 성당 마당 한 구석에 쪼그리고 앉아 친구와 수다를 즐기고, 집 방향이 서로 달라 중간에서 이리 갔다 저리 갔다 반복하며 헤어지기 아쉬워하던 우정, 그 소박한 추억이 그립다. 하지만 이유도 없이 교무실에 불려가 끝내 울어야 했던 그 시대의 문제는 소홀히 넘길 수 없다.

역사의 발전이 무엇인지는 어려운 주제이다. 무엇이 역사의 발전이냐고 질문하면 학생들은 흔히 기술의 발전을 이야기한다. 기술의 발전 외에도 그 이전의 불편함이나 잘못됨을 꾸준한 노력으로 극복한 무수한 역사가 있다. 신분제도, 처첩제, 서얼제 등 명확히 목격되는 것부터 권위주의, 전체주의, 군사문화 등 가시적이지 않지만 넘어서야 했던 과거의 어두운 그림자가 있었다. 수많은 사람을 고통으로 몰아넣고, 심지어 생명까지 희생하며 극복해온 지난 사회의 찌꺼기를 다시 밥상에 올리는 일은 없어야 할 것이다.

'언택트' 시대의 대화

경계할지어다. 말을 많이 하지 말라. 말이 많으면 실패가 많다. 듣는 사람이 없다고 하지 말라. 신이 엿보고 있다. 입이 뭐가 문제인가? 근심의 문이 되는 것이다.

조선 후기 문신으로 그림, 글씨, 문장에 모두 뛰어난 허목(1595~1682)의 가르침이다. 만년에 저술과 후진 양성에 매진하였는데, 그 자신도 손에서 책을 놓지 않았다. 그는 "나는 옛글을 몹시 좋아하여 늙어서도 이를 게을리하지 않았다"며 늘 암송하는 명언을 소개하였는데, 그 시작이 '말을 경계해야 한다'는 내용이었다.

말은 주워 담을 수 없는 '엎질러진 물'이자, 활시위를 영원히 떠나버린 화살이다. 이미 한 말은 수정하거나, 없던 일로 돌릴 방법이 없다. 또한 말은 사람의 마음을 움직이는 절대적인 힘을 갖고 있다. 그러므로 말을 잘 다스리는 문제는 아무리 조심해도 지나치지 않다.

말을 나누며 사람은 소통하고 공감을 나누지만, 오해와 부정적 감정이 쌓이는 일도 허다하다. 그 갈등 앞에 어떤 대처가 옳은지는 정답이 없다. 오해에 대한 선현의 조언이 있다.

어떤 사람이 아무 근거도 없이 자기를 의심한다면 반드시 진실을 밝혀야 할 것이다. 하지만 어떤 경우에는 굳이 그렇게 할 필요가 없는 때도 있다. 왜냐하면 사리를 밝히려 급급하다 보면 그 의심이 더욱 심해질 것이 뻔하다. 그에 반해 가만히 놔두면 뒤에 가서 저절로 의혹이 해소될 수도 있기 때문이다.[22]

이곡의 조언처럼 가만히 있어도 의혹이 해소되면 다행이지만, 세상에는 그렇지 못한 경우가 오히려 많다. 사실을 밝히다 오히려 변명으로 취급되거나 오해만 더 사기도 한다.

말로 진실을 밝힐 길 없는 억울한 심경을 잘 드러낸 일화가 있다. 일반에게 「어부사시사」로 잘 알려진 조선시대 문신 윤선도(1587~1671)는 문학적 역량이 뛰어난 학자이며 관료였다. 그러나 집권 세력과의 갈등으로 긴 유배와 은거생활을 반복하였다. 그가 유배되었을 때 지은 「쾌산快山의 억울한 소」라는 글이 있다.

쾌산의 시골 노인이 밭을 갈다가 힘이 다해서 밭갈이를 멈추고 밭두렁 위에서 낮잠을 잤다. 마침 그때 호랑이가 와서 그 노인을 해치려 하자 노인의 소가 죽을힘을 다해 호랑이를 쫓아내었다. 호랑이는 가버렸는데 밭이 발로 짓밟혀서 엉망이 되고 말았다. 잠에서 깬 노인은 그 사정도 모르고 밭이 짓밟혀진 것에 화가 나

그 소를 죽이고 말았다. 이 이야기를 세상에서는 '쾌산의 억울한 소'라 부른다.[23]

이는 윤선도가 소에 빗대어 변방에 유배되어 죽음을 맞게 된 자신의 억울함을 토로한 글로 이해된다. 이 일화에 담긴 역사적·정치적 의미는 뒤로하고 호랑이, 농부, 소의 입장을 상정해보자. 호랑이는 자신이 떠난 뒤의 일을 알 리 없다. 원인이야 무엇이었든 결과적으로 남에게 해를 끼치고 그 사실조차 모른채 사는 경우가 얼마나 많은가. 소가 밭이 망가진 전후 사정을 말했다면 농부가 믿었을까? 만일 소의 잘못이 아니라는 사실을 알았어도 농부가 화를 내어 미안하다고 진심으로 사과했을까? 서로 대화를 했다면 이 이야기가 '해피 엔드'로 마무리될 수 있었을까?

아무 근거도 없이 의심을 받거나, 하지도 않은 일로 오해를 받을 때 대화로 해결하기란 쉽지 않다. 자초지종을 잘 설명해도 오해를 풀거나 감정을 가라앉히기가 어렵다. 왜냐하면 우리는 상황을 논리로 받아들이기보다는 감정으로 수용하는 경향이 강하기 때문이다. 그래서 자초지종을 따져 논리적으로는 납득해도, 감정의 응어리는 여전할 수 있다.

SNS가 발달하면서 많은 사람들은 실제 얼굴을 마주한 대화보다 문자가 오가는 대화에 더 익숙해지고 있다. 특히 젊은 세대는 문자로 나누는 대화를 더 선호한다. 문자로 대화를 나눠 익숙한 사이라고 생각했는데, 막상 마주 앉으니 말이 잘 안 나왔다는 경험담도 많다. 문자는 글자일 뿐이다. 상황마다 다른 목소리나 억양이 없고, 감정도 실려 있지 않다. 문자를 읽고 일정한 감정을 느꼈다면, 그것은 보낸 이가 아니라 지금 나의 감정이다. 글자에 담긴 상대방의 감정을 온전히 읽어내기란 어렵다.

사회적 문제를 일으킨 사람이 인터넷에 게시한 사과문을 본 일이 있을 것이다. 무미건조한 글자의 나열 속 진심으로 사과하는 마음을 느껴본 일이 있는가? 아마 눈으로는 읽히고, 머리로는 그런 사정이었구나 하며 끄덕일지 몰라도 감정이 녹아들기는 어렵다.

2020년 코로나19로 '언택트' 시대가 되면서 물리적으로 함께하며 나누는 대화는 큰 벽에 가로막혔다. 다행히 카카오톡이나 Zoom, Google Meet을 비롯한 여러 수단을 통한 화상 대화는 가능하다. SNS로 주고받는 문자도 여전한 대화의 통로이다. 같은 자리에서 나누던 말보다 이제는 그러한 대화가 보편적인 소통의 수단으로 자리 잡고 있다.

'언택트' 시대에 대화의 무게는 무거워졌고, 신중해야 할 필요성도 높아졌다. 왜냐하면 화상이나 텍스트로 나누는 대화는 분위기, 표정, 감정의 교류가 제대로 이루어지지 않는 상황에서 말이 오가기 때문이다. 따라서 오해하기도 쉽다.

대화의 수단이 어떻게 변하든 인간에게 대화는 필수불가결하다. 독방 감금이 얼마나 비인간적이고 잔인한 고문인지 생각해보면 쉽게 이해된다. 2020년 코로나19 이후 서로 만나 눈빛으로 이해하고, 감정을 읽고, 손만 잡아도 마음이 통하던 예전의 일상은 힘들어졌다. 아주 사라지지는 않겠지만 기회가 현격하게 줄어드는 상황은 피할 수 없다. 앞으로 우리의 삶은 더 건조하고 황폐하게 흐를 수 있다.

이제 새로운 형식의 매체를 통한 대화가 실제 대화의 상당 부분을 대체하고 보완해야 하는 세상이 되었다. '뉴 노말'이라고 말하는 '언택트' 시대에도 '말을 경계해야 한다'는 옛 어른의 당부는 여전히 새길 일이다.

3

어우러져
살아가기

모난 돌끼리
둥글게

이름이 있는 이유

"땅은 이름 없는 풀을 기르지 않는다[地不長無名之草]"는 구절이 있다. 고려 후기 유학 교육을 담당했던 문신 추적이 일종의 아동 학습서로 엮은 『명심보감』 성심편省心篇에 기록한 공자의 가르침이다. 들판에 널린 풀이라도 제 이름이 있으며, 이 땅에 존재하는 모든 것에는 그 존재 이유가 있다는 뜻이다.

대학에서 학기가 시작되면 비슷비슷한 이름이 적혀 있는 출석부가 나온다. 이십여 년 선생을 하면서 늘 학생들의 이름을 외우려 노력하였다. 보다 쉽고 빨리 외우기 위해 출석부 옆에 특징을 기록해두기도 하고, 어쭙잖은 솜씨로 그림을 그려놓기도 하였다. 그런 은밀한 작업의 결과로 질문이나 토론을 유도하면서 이름을 부르면 학생들과의 소통이 훨씬 활발해지는 듯했다.

학교 안에서만이 아니라 다양한 모임에서 만난 사람의 이름도 기억하려고 늘 노력했다. 여러 명을 우르르 만나 통성명을 하고 한참을 같이 앉아 이야기를 나누었어도 정작 이름이 기억나지 않는 경우가 많다. 여러 나라 출신의 다양한 외국 이름이 섞인 모임의 경우는 더욱 난감하다. 철자조차 짐작되지 않는 이름도 있다. 메모를 하거나 관련된 비슷한 단어를 떠올리며 가능한 잊지 않으려 했다.

사람의 이름을 기억하고자 노력한 이유는 단 하나이다. 그 사람이 귀한 존재이기 때문이다. 각자의 이름은 다른 사람과 구별되는 온전히 독립적인 상징이다. 그런데 언제인가부터 이름을 드러내지 않고 저지르는 여러 악행을 빈번하게 접한다. SNS를 비롯한 대중매체에는 저속한 표현을 사용한 비난이 난무한다. 심지어 의도적으로 거짓을 게재하는 일도 빈번하다. 단 몇 줄로 인해 예상치 못한 비극이 이어져도 여전히 반복된다. 더 심하게는 수사기관에 거짓 내용을 신고하기도 한다. 허위의 죄목으로 무고를 당해 가까스로 혐의를 벗어도, 이미 당사자가 입은 피해는 상상할 수 없다.

조선시대에는 무고죄를 엄하게 다스렸다. 태조가 조선을 건국한 지 얼마 되지 않은 시기에 수령을 지낸 이적이라는 인물이 반란을 꾀한다는 익명서가 접수되었다. 중앙 최고 관청인 도당은 익명서를 보고 이적에게 "너의 원수가 누구냐?"고 물었다. 이적은 오직 김귀생뿐이라고 답하였다. 이적과 김귀생은 노비 문제로 다툼이 있었다. 이에 김귀생을 잡고 그의 집을 수색하였더니, 그 익명서의 초안이 나왔다. 무고죄로 김귀생은 극형에 처해졌다.[24]

무고 죄인은 가끔 행해지는 특별사면에서도 제외되었다. 조선 중종은 즉위한 지 12년이 지난 시기에 연산군 대에 귀양 간 사람을 풀어주는 일을 논의하였다. 관료들이 죄수에 대한 문서를 조사하여 조목조목 내역을 아뢰었는데, 중종은 모두 방면하라고 명하였다. 신하들은 죄의 경중을 가리자고 하였지만, 중종은 이미 귀양살이한 지 10년이 지난 시점이므로 죄다 놓아주라고 하였다. 그러나 남을 무고하여 죄를 받은 자는 작은 죄일지라도 용서할 수 없는 죄에 해당된다 하여 사면에서 제외하였다.[25]

설사 역모 사건이라 해도 이름을 숨긴 익명서는 받아들이지 않았다. 세종 대에 충주 사람 유연생이 열 명의 고을 사람 이름으로 거짓 서명한 글을 지어와 형조판서에게 올렸다. 그 내용은 충청도 도절제사 이하 여럿이 반역을 음모했다는 내용이었다. 이들 무리가 임금에 대해 차마 입에 담을 수 없는 말을 하면서 서울로 향한다고 고발하였다. 이를 접한 형조판서는 사람을 보내 조사하기를 청하였다. 그러나 세종은 '익명서는 받지 않는다'는 법이 있다 하며 거절하였다. 신하들은 그 투서에는 서명이 명백하게 있으므로 익명서가 아니라고 하였다. 그러나 세종은 유연생이 도망해 숨어버렸고, 글을 바친 자가 나타나지 아니하니 익명서라고 판결하였다.[26]

세종이 엄격하게 익명서를 거론하지 못하게 한 법을 강조한 까닭이 있다. 간사한 무리가 자신은 뒤로 숨은 채 남을 모함하는 술책으로 악용할 수 있기 때문이라는 것이다. 제아무리 중요해도 이름을 걸지 않고 말하는 사안은 신뢰하지 않는다는 원칙이었다.

사람은 죽어서 이름을 남긴다는 말이 있다. 그만큼 이름의 무게는 그 사람의 삶 자체만큼이나 무겁다. 실명이든, 닉네임이든, 심지어 아이피ip adress여도 마찬가지이다. 천하만큼이나 무거운 생명의 무게를 지닌 내 이름값을 잘 지니며 살고 싶다.

비판이라는 거름

거름은 밥과도 바꾸지 않는다는 말처럼 농가에 중요한 필수품이다. "한 사발의 밥은 남에게 주어도 한 삼태기의 재는 주지 않는다"고 할 만큼, 농작물이 잘 자라려면 꼭 필요하고, 장만하려면 수고도 많아야 한다. 하지만 냄새는 가까이하기에 쉽지 않다. 우리의 사고력을 자라게 하는 거름도 그러하다. 꼭 필요하지만 가까이 두고 싶어 하지 않는다. 바로 비판이라는 거름이다.

비판적 사고는 아무런 사전 정보도 없이 낯선 곳에 뚝 떨어졌을 때 GPS가 잡히는 기기를 손에 쥔 것과도 같다. 처음 보는 곳이지만 내가 어느 곳에 있는지, 어디로 가야 할지를 파악할 수 있다. 역으로 비판적 사고를 하지 않는다는 것은 내가 누구인지, 어디로 가고 있는지, 여기는 어떤 곳인지도 모르는 채 가야 하는 여정이다.

'암기', '주입'은 알아도 비판적 사고라는 단어조차 숙지하지 못한 채 대학에 갔다. 모든 요일이 온갖 과목으로 꽉 채워진 고등학교 시절 시간표에서 해방되는 기쁨을 누렸다. 내가 선택한 과목으로 듬성듬성 짜인 시간표는 그 공백 이상으로 숨을 크게 쉬게 해주었다. 전공으로 선택한 국사학은 얼마나 재미있었는지, 전공 수업이 있는 요일을 기다릴 정도였다.

수업을 시작하고 몇 주가 지난 뒤, 역사학계의 원로이며 저명한 학자의 기념비와도 같은 논문을 비판하라는 과제를 받았다. 당시 나는 비판적 사고를 훈련받지도 못했을 뿐만 아니라, 학술 논문을 비판할 지식도 없는 어쭙잖은 대학생이었다. 과제로 제시된 논문을 몇 번을 읽어보고 며칠을 끙끙거리다 제출했는데, 비판은커녕 논문을 요약한 수준이었다.

그러나 그 과제는 황량한 들판에 비판적 사고라는 거름을 준 출발점이었다. 역사학을 공부하면서 조금씩 그 거름은 싹을 틔우는 원천이 되었다. 새로운 세상이 펼쳐졌다. 당연하게 여겼던, 그동안 나를 둘러싸고 있던 세상의 모든 것이 다른 모습으로 다가왔다. 그것은 혼란이자 전율이었다.

우리 역사는 오래도록 권력에 대한 비판이 활발한 사회였다. 고려시대 이래 조선시대 내내 국왕과 관료를 감찰하며 여론을 주도하던 대간, 간관, 언관 등으로 불린 사람들이 있었다. 당연히 과거에 급제하여 학문과 덕망, 청렴을 인정받은 젊은 관료들이 담당하였다. 때로는 집요하리만큼 국왕이나 재상의 허물을 지적하고 논박하였다.

고려 후기의 언관 감찰규정 우탁(1262~1352)의 일화가 있다. 그는 상소문을 들고 말 그대로 죽으면 죽으리라는 기개로 관복이 아닌 소복의 의미로 흰옷에 도끼와 거적을 메고 대궐로 나아갔다. 그는 충선왕(재위 1308~1313)이 부왕의 사후에 그 후궁이었던 숙창원비를 자신의 후궁으로 삼은 일을 극도로 비판하였다. 그가 지어 온 상소문을 감히 다른 신하가 두려워 읽지 못하였다. 그 신하를 향해 우탁은 소리를 질렀다.

경은 임금을 가까이 모시는 신하가 되어 임금의 잘못을 바로잡지 못하고 추악한 행동을 부추기어 이 지경에 이르게 하였다. 경은 그 죄를 아는가![27]

그의 기개에 모두가 겁에 질려 떨고, 왕은 부끄러워했다는 기록이 있다. 충선왕은 어질고 학문을 좋아하였다는 평을 들으며, 특히 고려 후기 과감한 개혁을 단행한 군주였다. 그러나 언관의 비판 앞에는 국왕이건 재상이건 겸허히 수용하며 부끄러워하는 자세를 취해야 했다. 대간의 비판은 천하의 공론으로 받아들여야 하였고, 대간은 탄핵이나 감찰 활동으로 처벌받지 않도록 보호되었다. 조선왕조에도 내내 수만 건의 기사가 찾아질 정도로 대간의 감찰 활동은 지속되었다.

비판을 용납하지 않는 권력, 비판이 사라진 사회가 얼마나 끔찍할지 상상하기 어렵지 않다. 마찬가지로 나 스스로도 늘 되짚어볼 필요가 있다. 도움이 되는 비판, 수긍할 만한 비판은 받아들여야 한다. 세상에 대한 비판의식만큼이나 나 자신에 대한 비판도 수용하는 안목이 필요하다.

　나에 대한 비판을 귀담아 새겨듣는 과정은 또 다른 경험과 훈련이 필요하다. 대개의 학문 분야가 다 그러하겠지만, 역사학도 일정한 등급의 학술지에 논문을 투고하면 심사위원 3명의 심사평을 거쳐야 한다. 심사자는 심사를 맡은 논문에 대해 글의 완성도를 높이기 위해 수정하거나 보완했으면 하는 내용을 지적한다. 때로는 아예 학술지에 게재 불가를 못 박는 경우도 있다.

　투고한 논문에 대한 심사평을 받아보면 미처 깨닫지 못했던 문제를 지적받기도 하고, 논문의 질을 높일 수 있는 유용한 조언을 듣기도 한다. 하지만 어느 연구자이든지 대개 익명으로 된 3명의 심사평을 받아보는 순간은 긴장되기 마련이다. 꼭 필요한 비평이고 그 안에서 다른 관점을 보기도 해서 참 고맙지만, 나의 부족한 면이 드러난 비평에서 마음이 자유롭기는 어렵다.

　하지만 심호흡을 크게 한 후 차분한 마음으로 꼼꼼하게 심사평을 읽으면 눈이 열린다. 다시 쓰는 마음으로 최대한 지적받은 내용을 반영해서 논문을 다듬고 나면 훨씬 짜임새가 생기고 한결 나아진다. 비평을 수용하면 나의 토양은 훨씬 비옥해지고, 나무는 더 잘 자라난다.

　비판이 아니었으면 오늘날의 세상은 없었다고 해도 과언이 아니다. 그럴듯하고 익숙해 보이는 현상, 사실, 논리를 비판한 사람이 있었기에 학문이 발전하고 세상은 달라져왔다. 비판 없이 모두가 상급자, 권력자에 아부하며 기존의 문화와 가치를 수긍하고 찬양하는 세상이 어떠할까를 상상해보라. 세상의 초목산천이 자라나기 위해서는 사랑의 물을 주는 만큼 비판이라는 거름을 공급해야 한다.

이 세상을 살아가기 위해서는 가려진 진실, 포장된 거짓을 넘어 내가 사는 곳에 대한 분별력이 필요하다. 나 자신만 추스르는 것으로는 부족하다. 나를 둘러싼 모든 것을 요모조모 분석하고 나의 의견을 비판적으로 정리하는 훈련이 필요하다. 그리하면 해결해야 할 문제가 보이고, 취해야 할 행동과 가야 할 길도 보인다. 절대적인 기준이나 정답은 없지만, 그렇게 세상을 보는 것만으로도 훨씬 자유롭게 숨을 쉴 수 있다.

비판은 나의 토양을 괴롭히는 잡초가 아니다. 더욱 비옥하게 해주는 거름이다. 역사에서 비판에 귀를 막은 사람들의 비참한 말로를 우리는 많이 보았다. 누군가 비판을 던진다면 꿋꿋하게 받아들여 내 삶의 거름으로 삼자. 비판은 세상을 보다 비옥하게 살기 위해 내 삶에 꼭 필요한 유기물이다.

누가 나를
소나 말이라고 부르건

조선 후기 이중환(1690~1756)은 23세에 과거에 급제하여 관직에 진출했지만, 10여 년 만에 정치적 시련을 겪고 유배되었다. 이후 유배에서 풀려났지만 전국을 다니며 세상의 온갖 풍상을 직접 목도하며 살았다. 이러한 삶을 보낸 그가 인생 말년에 마침내 저술한 책이 『택리지』(1751)이다. 이 책의 「총론」에서 이중환은 더불어 사는 것의 어려움을 지적하였다.

> 사람이 이미 목석이나 금수가 아니고, 사람과 더불어 이 세상에 함께 살고 있으니, 머리를 들고 눈을 뜨면 곧 다른 사람과 접촉하게 된다. 무릇 다른 사람과 접촉하자면, 거기에서 친하고 싫어하는 것이 생긴다. 다른 사람과 친하거나 싫어함은 좋아함과 미워함을 갖게 한다.
> 친함과 좋아함은 어울리고 함께함이 생기게 한다. 미워함과 싫어함은 멀어지고 배반함이 생기게 한다. 한 번 어울리거나, 배반하거나, 멀어지거나, 가까워지는 것이 정해지면 문득 벽이 생겨버린다. (벽에 막혀) 저쪽이 이쪽으로 들어오지 못하고, 이쪽도 능히 저쪽으로 가지 못한다.[28]

한마디로 인간관계의 어려움에 대한 얘기다. 모두와 두루두루 잘 지내는 일은 불가능하다. 누구에게나 좋은 사람은 아무에게도 좋은 사람이 아니라는 말이 있다. 더불어 사는 것이 사람의 운명이라면, 그 안에서 누군가와는 미워하고 배반하며 용서하지 못하고 뒤죽박죽 사는 것도 숙명이다. 친한 사람이 있듯이 갈등이나 긴장관계에 놓이게 되는 사람도 있기 마련이다. 그리고 그 벽은 쉽게 허물어지지 않는다.

내 주변에 있는 사람 가운데 누군가는 나를 싫어하고, 미워하고, 한때는 가까웠다가 멀어지고, 심지어 배반도 한다. 어쩌면 우리가 느끼는 행복이나 슬픔의 큰 비중이 다른 사람에게 달렸다고 해도 지나치지 않다. 타인과의 관계에서 어떻게 중심을 잡아야 하는 걸까. 여기에서 강희맹의 일화가 인상에 남는다.

조선시대 강희맹(1424~1483)은 세종부터 성종 대까지 6대에 걸쳐 관직을 지낸 당대의 대표적인 문신이며 최고의 문장가였다. 글씨와 그림에도 매우 능한 인물이었다. 그런데 어느 날 생원 이원좌라는 이름으로 투서가 날아들었다. 강희맹을 지목해 키 작고 배는 불룩한데, 뱃속에 탐욕이 가득 찼으며, 뇌물이 구름같이 모였다는 내용이었다.

조선시대에 관료는 사실 여부를 떠나 일단 탄핵을 받으면 스스로 사직하고 근신하는 것이 관례였다. 조사해보니 이원좌는 가공의 인물이었고, 성종은 사직을 허락하지 않았다. 하지만 강희맹은 관례대로 사직을 청하였다. 강희맹은 사직서에 다음과 같은 글을 남겼다.

> 옛사람이 이르기를, "나를 말[馬]이라고 부르면 내가 말로 응하고, 나를 소[牛]라고 부르면 내가 소로 응하더라도, 내가 실제로 소나 말이 아니니, 나를 부르는 사람이 망령된 것일 뿐이다. 나에게 무슨 손해가 되겠는가?"라고 하였습니다. 헛된 말을 날조하여 저를 비방하는 것도 마치 바람을 붙잡고 그림자를 묶는 것처럼 헛된 것이니, 한갓 웃음거리일 뿐입니다.[29]

누가 나에게 무엇이라고 하든지 그것은 먼지를 일으키며 지나가는 바람일 뿐이다. 강희맹의 말처럼 혹시 누가 나를 소라고 부른들, 말이라고 부른들 그 사람이 망령된 사람일 뿐이다.

이중환의 지적처럼 다른 사람과의 관계에 싫어하고 배반하는 사람, 벽에 막힌 관계는 어쩔 수 없이 생긴다. 달리 무슨 방도가 있을까. 중국 한나라 경제(재위 BC.188~141) 때 일이다. 어사대부라는 관직에 있던 직불의(BC.?~138)라는 사람이 있었다. 어떤 사람이 직불의가 형수와 사통했다고 모함하였다. 직불의는 다만 "나는 형이 없다"고만 말하였다. 별다른 해명이나 이유를 들지 않았다.

직불의가 언변이 없어서 논박하지 않았겠는가. 강희맹이 억울하지 않았겠는가? 그러나 강희맹의 말처럼 누가 나를 무엇이라고 해도, 내가 그로 인해 달라지는 것은 아니다. 또한 직불의의 처신이 보여주듯, 설사 해명해도 정작 들어줄 귀를 갖고 있지도 않기 일쑤이다. 그러니 다른 사람의 말에 휘둘릴 필요 없이, 나는 나로 존재하면 된다.

다양한 사람과 온갖 관계를 맺으며 함께 살아가는 출발점은 '나'이다. '나 다운 나 자신'이 다른 이와 더불어 살아가는 내 삶의 출발점이다. 그 출발이 흔들리고 뒤죽박죽이 되면, 그 여정은 바람을 붙잡으러 돌아다니고, 그림자를 묶어보려는 헛된 짓을 하는 격이다.

99를 넘는 1의 공감

인간에게는 직접 경험하지 않은 다른 이의 삶을 공감하는 능력이 있다. 공감 능력의 정도나 공감 대상에 대한 반응은 사람마다 다르다. 하지만 아주 생소한 상황이나 감정일지라도 인간은 나의 감정을 이입하여 다른 입장을 헤아리는 '위대한' 능력을 가졌다.

공감의 양면을 이야기하기 위해, 조선 초기 세종 대로부터 세조 대까지 활동한 기건奇虔이라는 인물을 만나보려 한다. 그는 인품이 매우 고매하고 학식이 뛰어났을 뿐만 아니라 백성의 어려움을 깊이 공감한 관료였다. 그에게는 전복과 붕어, 그리고 술에 관한 유명한 일화가 있다.

> 기건은 평생 전복을 먹지 않았다. 사람들이 물어보니 "내가 일찍이 제주목사가 되었을 때 백성들이 전복을 고생하며 잡는 것을 보았소. 그래서 먹지 않소"라고 말했다. 그가 연안군수로 있을 동안은 백성들이 붕어[鯽魚]를 바치느라 고생하는 것을 보고 3년 동안 이를 먹지 않고, 술도 마시지 않았다. 그런데 임기를 마치고 떠나올 때 마을 어른들이 마련한 송별 자리에서 종일을 마시고도 취하지 않았다. 부로들이 "이제야 우리 백성을 위하여 마시지 않은 것을 알겠다"며 감탄하였다.[30]

그의 행적은 『조선왕조실록』에 소개되어 있다. 실록에는 기건이 성품이 맑고 검소하며 작은 행실도 삼가 조심하였다고 평하며 이 일화를 수록하였다. 기건은 사대부 출신이고 학문으로 이름을 날려 발탁된 이래 여러 관직을 두루 거쳐 재상의 자리에까지 오른 문신이었다. 그러한 지위를 누리고 산 이가 백성의 어려움을 알고 실천한 행동은 길이 기릴 만한 특별한 일이었다.

예나 지금이나 지배 계층의 사람이 백성들의 고충을 모르고 저지르는 언행은 공분을 산다. 백성의 어려움에 깊이 공감한 기건은 모두에게 귀감이 되는 존경받아 마땅한 인물이다. 그런데 『용재총화』의 저자인 성현은 기건에 대해 조금 다르게 설명하였다. 그가 비록 사람으로서 어려운 일을 실행했지만, 잘못됨을 바로잡으려다 오히려 너무 지나쳐서 경직된 폐해라고 평하였다.

사회적 존재로서 인간에게 공감은 중요한 자질이다. 이제는 내 주변만이 아니라 세계 도처의 다른 삶을 이해하는 일이 중요해졌다. 다만 공감한다는 것이 상대방의 입장이나 선택을 동의하거나 지지한다는 의미는 아니다. 극단적인 예이지만 노숙인의 어려움을 공감하더라도, 노숙인으로 생활할 수는 없는 이치와 같다. 공감이라는 단어에는 상대방의 상황이나 감정을 헤아린다는 의미가 강하게 담겨 있다.

누군가 내 처지나 감정을 공감해준다면 그것만으로도 얼마나 큰 위로인가. 공감은 그 자체로 내 문제의 해결 방법을 제시해주지는 않는다. 하지만 누군가가 나를 이해한다는 사실만으로 우리는 다시 힘을 얻는다.

사람은 다른 사람의 말을 듣기보다 자신이 말하기를 선호한다. 사실 대부분의 사람들은 다른 이의 사정에 그다지 관심이 없다. 누군가의 이야기를 들을 때 눈을 마주치라거나 고개를 끄덕여 공감하고 있음을 표시하라는 유용한 조언들이 있다. 그런데 이는 보여주기 위한 기술에 지나지 않는다. 왜냐하면 우리는 상대방이 마음으로 들었는지, 귀만 열어두었을 뿐인지를 자연스레 느끼기 때문이다.

나와 공감하는 이를 만나는 일은 귀한 축복이다. 내 이야기에 마음을 열고 듣는 사람이 100명 가운데 단 1명이라 해도 말이다. 그 단 한 사람의 위력을 알기에, 나 역시 상대방에게 마음을 여는 일을 잊지 않으려 한다.

무골호인과 무골충

'무골호인'의 사전적 의미는 줏대가 없이 두루뭉술하고 남의 비위를 맞추는 사람이라고 풀이된다. '호인(성품이 좋은 사람)'이라는 표현과는 어울리지 않는 부정적인 의미이다.

옛 기록을 보면 '무골'에 '호인'이 아니라 '충'이 결합한 '무골충無骨蟲'이라는 말을 썼다. 조선시대 학자 기대승(1527~1572)은 스스로를 경계하기 위해 '무골충'을 사용하였다. 그는 퇴계 이황(1501~1570)과 1558년부터 1570년까지 12년간 서신을 교환하였다. 기대승이 26살이나 연하였지만 서신을 통한 두 사람의 학자로서의 논쟁은 유학사상사에 큰 발자취를 남겼다.

이황은 "그대의 가르침에 크게 힘입어 내 학설을 수정했습니다"라며 자식뻘 나이인 기대승의 의견을 받아들였다. 한국은 물론 일본, 중국의 학자로부터 '성현'은 물론 '성인'이라는 호칭을 들은 위대한 학자의 면모이다.

이황은 기대승에게 보낸 서신에서 선비들이 세상살이를 근심하는 경우가 많다고 논했는데, 기대승은 답장에서 그런 망령된 경우에 해당되지 않음을 자신하지 못한다고 고백하였다. 그는 세속과 화합하여 도리를 등지고 이익을 추구하게 됨을 몹시 경계했다. 이러한 다짐으로 "진실로 마침내 제가 무골충이 되는 것을 면하지 못하게 될

까 두렵습니다"라고 하였다.

기대승은 세상의 명예, 이익, 그리고 화려함은 사람들이 쉽게 빠지는 바이며, 이해와 화복을 꾀하는 거짓말에 현혹되면 반드시 무골충에 이르게 된다고 우려했다. 그런 근심을 피하기 위해 어떻게 계획을 세워야 할지 모르겠다고 조언을 구했다. 이에 대해 이황은 다음과 같이 답장하였다.

> 그대의 편지에 '무골충'이란 말은 참으로 한바탕 크게 웃을 만합니다. 이 벌레가 되어서는 안 되지만, 앞사람들의 잘못된 일을 답습하는 것 또한 경계해야 할 것입니다. 가벼이 처신해서는 안 될 것입니다.[31]

두 사람의 서신에 따르면, 무골충은 시류를 따라 세상과 야합하며, 줏대나 기개가 없는 사람을 비아냥거리는 말이다. 이 서신에서 이황은 진정한 강직함, 진정한 용기는 잘못을 고치는 데 인색하지 않고 의를 들으면 바로 따르는 데 있다고 하였다.

척추동물인 인간의 일반적인 뼈의 개수는 성인 기준 206개이다. 그 뼈가 없는 사람과 같다는 말은 사람의 가장 기본적인 속성을 부정하는 말이다.

기대승과 이황의 가르침처럼 세상의 오염된 소리에 쉽게 빠지고 현혹당하는 가벼운 무골충이 되는 일은 경계해야 한다. 적극적인 야합이 아니어도, 내가 지켜나가기 위해 노력하는 정직, 신념, 원칙, 자존감이 공격받을 때, 그저 두리뭉실하게 넘어간다면 그것도 '무골충' 범주가 된다.

시간을 정지시킨 듯한 코로나19의 충격은 믿어왔던 신념과 원칙, 가치관들이 진정 내게 필요한 것이었는지를 분별하게 해주었다. 그동안 우리는 얼마나 사라지기 쉬운 세상의 부나비 같은 가치에 분주하고 소란스러웠는지 새삼 깨달았다. 곁에 남은 사람의 소중함도 절감하였다. 나도 무골충이 될 수 있음을 경계하고, 무엇을 좇으며 살아야 옳은지 깊이 생각해본다.

하늘이 아끼는 자의 고통

우리 역사에는 하늘에 제를 올리는 '제천의례'가 행해져왔다. 하늘에 대한 이해는 각 시대에 따라 차이가 있지만, 일반적으로 자연을 넘어 섬김의 대상이었다. 조선시대 유교의 큰 바탕이던 천명사상도 하늘[天]이 인간에게 일정한 작용을 한다는 논리였다.(천명, 천의, 천심, 천도 등)

세상은 달라졌지만 여전히 사람들은 참담한 현실 앞에, '하늘도 무심하시지'라고 뇌이곤 한다. 하늘을 올려다보며 가끔 외치기도 한다. 사람의 고통에 대해 하늘은 그렇게 무심하신가?

인간의 삶 자체가 그렇지만, 조선시대에 출세했다고 말해지는 관직생활도 풍파를 비껴가기는 어려웠다. 탄핵이나 좌천은 물론 유배도 잦았다. 추사 김정희, 다산 정약용을 비롯해 역사에 이름을 남긴 유명한 문신 가운데에도 많은 사람들이 유배의 고충을 겪었다.

조선 후기 문신이며 학자인 성대중(1732~1809)은 이러한 인생의 어려움에 대해 탄식하다 얻은 깨달음을 글로 남겼다.

내가 소싯적에 벼슬하고 있을 때 조금이라도 분수에 어긋나는 일을 하면 번번이 낭패를 당하였는데, 딴 사람들은 꼭 그런 것만도 아니었다. 한번은 내가 취설공醉雪公 유후柳逅에게 말하기를, '하늘이 아마도 저만 쳐다보고 계시나 봅니다. 어찌 남보다 심한 벌을 내리신단 말입니까'라고 하였더니, 공은 한숨을 쉬며 말하였다. '과연 그러하지. 하늘이 그대를 몹시 아끼시나 보네. 수나라 양제 때 어디 천재天災가 있었단 소릴 들어보았는가.' 이제 늙고 보니 그 말이 더욱 의미심장하게 느껴진다.[32]

성대중은 「하늘은 아끼는 자에게 벌을 내린다」는 제목으로 이 일화를 기록하였다. 취설공 유후가 거론한 수나라 양제는 황태자였던 형을 실각시키고 스스로 황태자가 된 뒤 황제에 올랐다. 그 과정에서 아버지를 살해하고, 부친의 비를 범하였다고 전해진다. 그는 특히 고구려를 두 번이나 침공(612~614)했다. 그 시기까지 세계 역사상 동원된 병력 규모 중 최대인 육군 113만과 해군 4만을 직접 이끌고 고구려를 공격했지만 대패하였다. 결국 그는 반란을 일으킨 부하에 의해 50세에 형장에서 생을 마감하였다. 그에 대한 역사적 평가는 유례없는 폭정을 자행한 사치와 향락, 패륜의 황제로 남았다. 사망한 뒤의 호칭인 '양제' 시호도 그를 조롱하여 붙인 호칭이다. 문란하고 예를 무시했으며, 하늘의 뜻에 거역하고 백성을 착취했다는 뜻이다.

취설공 유후의 말은 결국 수 양제는 제 맘대로 어떤 짓을 하건 말건 하늘이 버려둔 사람이라는 뜻이다. 그를 사랑했다면 분수에 어굿나는 일을 할 때 하늘이 적절한 징계를 내려 깨달을 기회를 주었으리라는 뜻이다.

성대중의 말처럼 '하늘이 내리는 벌'과 같은 고통의 시간 자체는 참으로 버티기 힘들다. 하지만 취설공 유후는 한숨까지 내몰면서 그 고통의 의미를 가르쳤다. 하늘이 몹시 아끼는 사람이 겪는 일이라는 것이다.

고난은 인간 실존의 현장이다. 이 때문에 각 종교의 교리나 가르침에 빠지지 않는 대목이 고난에 대한 해석이다. 유후는 하늘이 아끼는 사람에게 고난을 허락한다고 해석하였다. 성대중도 늙어서야 자신에게만 심한 벌이 내려진다고 생각됐던 고통이 하늘이 자신을 아꼈기 때문이라는 생각에 의미심장함을 느낀다고 고백했다.

고통 자체는 가능한 피해야 하며, 견디기 힘들지만 이른바 '꽃길'을 걷는 삶은 수 양제처럼 될 위험성이 높다. 때마다의 깨달음이나 반성의 기회가 없기 때문이다. 그러한 삶은 결국 자신과 주변에 부정적인 결과를 초래하기 쉽다.

고통을 통해 깨달음을 얻은 삶은 마침내 자신과 주변에 그 인고의 시간이 있었기에 거둘 수 있는 긍정적인 결과를 낳는다. 그것이 고통에서 유익을 찾아낼 줄 아는 인간의 능력이다. 바로 옛 선현이 말해주는 하늘이 사랑하는 자에게 내린 능력 말이다.

부모 탓의 유효기간

태어나보니 내 부모이고, 낳아보니 내 자식이다. 출생과 더불어 양측은 부모와 자식의 운명으로 묶인다. 서로 묶인 운명인데 잘되면 자기 능력이고, 못되면 조상을 탓한다는 말이 있다. 부모와 조건을 '탓'할 수 있는 정당성은 언제까지일까?

『해리포터』의 작가 조앤 K 롤링J.K. Rowling이 2008년 6월 5일 하버드 대학 졸업식에서 한 축사는 그녀의 명성만큼이나 유명하다. 그녀는 오직 소설을 쓰고 싶었으나, 부모님은 그 꿈을 지지하지 않았다고 한다. 그녀는 부모님이 모두 가난한 가정에서 성장하였고, 대학 교육도 받지 못했다고 밝혔다. 부모님의 기대와 그녀의 포부는 엇나갔고, 부모님은 소설가로서 그녀의 능력을 알아주지 않았다.

그렇지만 조앤 롤링은 매우 분명하게 강조하였다. 부모님이 당신 생각과 다른 방향으로 (그녀는 잘못된 방향이라고 표현했지만) 수레바퀴를 몰고 간다고 해도, 부모를 탓하는 데는 유통 만료일이 있다고 했다. 스스로 수레바퀴를 탈 나이가 되었으면 그 책임은 스스로에게 있기 때문이다.

조앤 롤링이 기울인 노력을 우리는 짐작만 할 수 있다. 그녀는 엄마마저 그녀가 25세일 때 돌아가셨고, 자신은 어린 딸을 가진 가난한 이혼녀가 되었다. 하지만 조앤 자신이 두려워한 것은 그 끔찍한 가난이 아니라 '실패'였다고 하였다.

부모가 몰아주는 수레바퀴에 올라탄 사람들과 자신의 수레를 스스로의 힘으로 몰고 간 사람, 우리는 어떤 사람이 되고 싶은가? 역사에서 우리가 만나는 감동적인 사연들은 자신의 수레를 열심히 움직인 사람들의 이야기다. 그 가운데 정도전(1342~1398)을 만나보자. 정도전은 고려 말에서 조선 초의 전환기에 역사적으로 걸출한 업적을 남긴 정치인이며 뛰어난 학자이다. 그의 일대기는 대하드라마로 제작되어 세간의 큰 호응을 얻었다.

사실 정도전에게는 치명적인 신분적 결함이 있었다. 승려 김진이 자기 종이었던 수이의 아내와 간통하여 낳은 딸이 그의 외할머니였다. 집안에 노비 신분이 섞여 있었고, 그것도 간통에 의한 결과였다. 이러한 내력은 신분적 결함은 물론 명분과 체면도 서지 않는 부끄러운 약점이었다. 이 때문에 정도전은 매번 관직 임명에 어려움을 겪었고, 큰 허물을 가진 자로 공격받았다. 공공연하게 "천한 처지에서 태어났다", "천한 처지에서 몸을 일으켜 벼슬자리에 앉아 무수한 죄를 지었다", "가풍이 부정하다"는 비난이 거론되었다.

기록에 보이는 정도전은 호방한 성격이었다. 또한 어릴 때부터 학문을 좋아하여 문장과 성리학에 뛰어났다. 총명한 자질로 정치적 안목을 갖추었고, 문인이면서 군사적 식견과 재능도 겸비한 사람이었다. 고려 말 권력을 전횡하던 세력과 맞서다가 귀양과 유랑으로 9년여의 어려운 시간을 보내기도 하였다. 마침내 이를 청산하고 당시 함경남도 함주에 있던 이성계의 막사를 직접 찾아가 그와 인연을 맺었다. 이후 뜻을 함께하여 토지제도를 비롯한 개혁을 추진하며 새 왕조의 주춧돌을 쌓았고, 조선 건국의 주역이 되었다.

조건 건국 후 태조는 즉위한 지 3년째 되는 해에 한양에 도읍을 정하고 궁실을 건축하였다. 태조는 정도전에게 새로 지은 궁의 여러 궁궐과 전각의 이름을 모두 짓도록 명하였다. 정도전은 '경복궁'을 비롯해 각각의 이름을 짓고, 그 이름을 지은 취지를 함께 써서 올렸다. 이를 기뻐하며 연회를 연 자리에서 태조는 그 자리에 함께 한 공신에게 모든 공로를 돌리며 서로 공경하며 자손 만세까지 이르게 하자며, 특별히 정도전에게 털 가죽옷을 선물로 내렸다.

뒷날 태종 이방원은 왕조 초기의 정치적 갈등으로 그를 제거하였다. 그러나 정도전의 자손들에게는 과거 응시를 열어주었다.[33] 태종의 조처로 역적의 자손임에도 불구하고 정도전의 후손들은 뒷날 정승에까지 올랐다. 태종은 경북 성주의 향교에 '교수관'으로 있던 그의 동생 정도복도 중앙으로 불러들였다.[34]

정도전에게 감동하는 까닭은 그가 뛰어난 정치인이며 학자였기 때문만은 아니다. 그 자체도 존경받아 마땅한 자질이었지만, 무엇보다 그는 자신을 믿고 당당한 사람이었다. 정도전은 가난하여 살림이 구차했어도 늘 여유롭게 처신하였다. 더욱이 본인 스스로를 학문과 무략을 다 갖춘 사람이라고 자부하였다. 이성계와 자신과의 관계에 대해서는 자주 "한 고조가 장자방(장량)을 쓴 것이 아니라 장자방이 한 고조를 쓴 것이다"라고 빗대어 말했다. 장자방은 한나라를 세운 고조가 "계책을 세워 전쟁을 승리로 이끈 사람이 장자방이다"라고 극찬한 인물이다. 정도전은 자신을 장자방으로 둘러 말할 뿐만 아니라, 조선 건국의 실질적인 주역으로 군주보다 자신에게 더 방점을 두었다.

인간 정도전에게서는 이처럼 높은 자존감과 강한 자신감이 느껴진다. 조상의 부끄러운 내력은 두고두고 정도전의 발목을 잡았고, 조롱받는 빌미가 되었지만 정도전의 책임은 아니었다. 그는 자신의 능력을 믿었고, 한 구석 결함이 있어도 주어진 자신의 수레를 꿋꿋하게 몰았다.

우리 모두는 공평하게 단 한 번만 보급된 1인용 수레를 가졌다. 불공평하게 다른 사람 것에 비해 내 것은 유독 허름할 수도 있다. 어떤 모양이건, 어떤 성능이건 내가 타고 있는 수레를 받아들여야 한다. 그게 삶이다.

어린 시절에는 부모나 누군가가 앞에서 길을 알려주기도 하고, 뒤에서 밀어주기도 하였다. 어느 순간부터는 온전히 내가 책임지고 감당하며 나아가야만 한다. 때로 진흙탕에 빠져 헛바퀴만 돌며 빠져나오기 어려울 때도 있고, 바퀴 하나가 부서지기도 한다. 녹이 슬건 말건 그냥 멈춰버리고 싶을 때도 있다.

그럴 때 어딘가는 다 불완전한 각자의 수레를 온전히 책임지며 끝까지 몰았던 인물들을 되새긴다. 그들이 자신의 삶을 귀히 여긴 것처럼, 지금 내 삶도 더없이 소중하다고 다짐해본다. 역사 속 인물들은 우리에게 녹이 슨 채로 쓸모없는 수레처럼 되고 싶지 않다면, 운행을 중단하지 말고 밀고 나가라고 한다. 그들이 삶으로 건네주는 목소리는 방향을 잃고 헤매다가도 다시 GPS를 찾아 접속하는 내 수레의 Wi-Fi이다.

4 사랑하고 살아가기

동행하거나
일행이거나

인연에서 이별까지

우리 역사에서 가장 참혹한 이별의 주인공으로 신라의 김유신(595~673)을 꼽을 수 있다. 김유신은 삼국통일에 중추적인 역할을 수행했지만 유명한 사랑과 이별 이야기의 장본인이기도 하다.

잘 알려진 것과 같이 김유신은 자신의 누이가 태종무열왕 김춘추(재위 654~661)와 맺어지게 만들었고, 결국 성공하였다. 김유신에게는 보희와 문희라는 두 누이가 있었다. 김유신은 김춘추를 자신의 집으로 오게 하여 같이 공차기 놀이를 하였는데, 의도적으로 놀이 도중에 김춘추의 옷을 밟아 옷끈이 떨어지게 하였다. 누이인 보희에게 달아주라 하였는데, 보희는 이를 거절하였다. 마침 보희의 이상한 꿈을 샀던 문희가 달아주었다.

옷끈의 만남을 인연으로 문희는 김춘추의 아이를 가졌다. 김유신은 문희를 태워 죽인다며 일부러 소문을 내었다. 그는 선덕여왕이 남산에 오르는 날을 기다려 땔나무를 쌓아놓고 불을 질러 연기를 피웠다. 그 연기를 보고 상황을 알게 된 선덕여왕이 김춘추에게 문희를 구하게 하고, 두 사람은 혼례를 올렸다고 한다.

김유신은 치밀하게 두 사람의 만남을 계획하여 성사시켰다. 그러나 김춘추에게 문희와의 만남은 우연이었다. 우연히 공차기를 하다가, 우연히 옷끈이 떨어졌는데, 문희가 이를 바느질해주었다. 삶에서 일어나는 만남에 우연과 필연을 구분하는 일이 의미 없음을 보여준다. 우연이든, 운명이든 이루어진 만남은 내 삶이 된다.

누이의 운명의 만남을 주선한 김유신에게는 천관이라는 여인과의 이야기가 있다. 그와 천관이라는 여인과의 설화는 고려 중기 문인 이인로(1152~1220)의 문집 『파한집』에 나온다.

김유신의 어머니는 날마다 엄한 가르침으로 함부로 사람을 사귀고 놀거나 왕래하지 말라고 당부하였다. 그런데 김유신은 천관이라는 여인[35]을 매일 찾아가 유숙하였다. 어머니는 "네가 장차 이 나라의 대들보가 되어 공명을 세워 임금과 어버이의 영광이 되기를 바랐건만 천한 여자와 사귀어 스스로 귀함을 버리니 웬일이냐"며 눈물을 흘리며 한탄하였다. 김유신은 그 자리에서 다시는 그 집의 문을 지나지 않겠다고 맹세하였다.

하루는 김유신이 벗과 함께 술을 마시고 집으로 돌아오는데, 말이 습관처럼 가던 길을 따라 천관의 집에 이르렀다. 천관은 눈물을 흘리며 나와 맞이하였다. 그러나 김유신은 타고 온 말의 목을 베고 돌아와 다시는 가지 않았다. 기절했다가 깨어난 천관은 「원사怨詞」라 하여 원망하는 노래를 짓고 죽었다 한다. 가사는 전해지지 않는다.

정작 김유신은 태종 무열왕 김춘추와 막내 여동생 문희 사이의 셋째 딸 지소와 결혼하였다. 유교식 친족 개념으로 보면 외삼촌이 조카딸과 결혼한 격이다. 김유신은 왕실과 서로 얽힌 이중 혼인으로 자신의 입지를 더 확고히 하였다.

김유신은 천관이 죽자 그녀의 집터에 절을 세워 천관사라 불렀다. 현재 절은 사라지고 터만 남아 있다. 규모와 건물의 배치 등을 알 수 없으며, 다만 석탑의 일부와 기와 조각들이 논두렁에 끼어 남아 있다. 이 설화는 조선 성종 때 편찬한 『신증동국여지승람』에도 실려 있다.

그런 모진 이별을 감내한 천관녀의 존재나 그 신분 등에 대한 해석은 여럿 있다. 천관녀의 실체가 무엇이든 그녀는 어느 날 갑자기 김유신에게 버림받은 여인이다. 자신의 눈앞에서 아끼던 말까지 베어버리고 매정하게 떠나 다시는 오지 않는 김유신, 그 이별을 그녀는 어떻게 받아들였을까.

어머니가 눈물을 그치지 못하고 하소연할 정도로 김유신은 천관녀와 가까웠다. 하지만 사랑하는 말조차 죽일 정도로 단호하게 돌아섰다. 그 사랑과 이별은 설명할 방법이 없다. 정을 느낌도, 단호하게 끊음도 당사자조차 설명할 수 없는 신비한 일일 뿐이다. 만남의 오묘함처럼 이별 또한 잔인한 신비이다.

이별에서 우리는 슬픔, 배신, 상실, 고통을 처절하게 느낀다. 하지만 그것 역시 아프지만 축복이다. 아픈 만큼 사랑이 소중했음을 느끼기 때문이다. 동시에 사랑이 얼마나 한순간에 변할 수 있는 것인지도 배운다. 나도, 상대방도 사랑이 얼마나 가변적인지 깨닫는다.

　내 존재 자체를 필연으로 보면 모든 일도 다 일어날 수밖에 없는 필연으로 해석된다. 내 삶이 필연이듯, 내 삶에서의 모든 만남도 필연이다. 우연인 줄 알았지만 필연이었고, 필연인 줄 알았는데 끊어졌다면, 그것 역시도 필연으로 돌리자. 이별도 필연을 따라 일어난 고마운 일이리라.

　내가 계획하고 준비한 것이 아니지만 일어난 모든 만남의 축복에 감사한다. 누군가와 이 짧은 인생에서 만날 수 있었고, 진지하게 삶을 함께했으니 얼마나 감사한 일인가.

변하는 사람의
변하지 않는 마음

오랜만에 동창과 만나면 나누는 말이 있다. 어쩜 하나도 안 변하고 그대로니! 변해가는 세월 속에도 마음의 눈으로 보면, 정말 하나도 변하지 않은 상대방의 모습이 보인다.

16세기 프랑스에서 있던 실화를 바탕으로 한 내털리 제이먼 데이비스의 『마르탱 게르의 귀향』이라는 소설이 있다. 프랑스와 미국에서 각각 영화로도 제작되어 잘 알려진 작품이다. 부유한 농부인 마르탱 게르는 부인과 어린 아들을 두고 집을 떠나버렸다. 그 뒤 7년의 세월이 지난 뒤 그는 문득 돌아왔

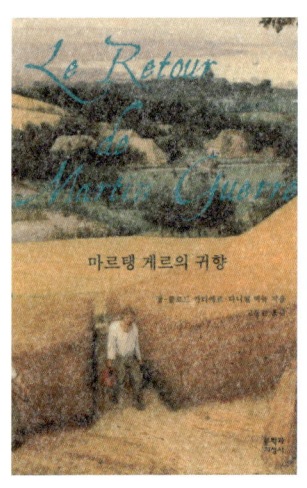

다. 다시 두 아이를 더 낳고 살던 중, 삼촌 피에르 게르와 재산을 둘러싼 분쟁이 일어났다. 그 과정에서 마르탱 게르의 진위 논쟁이 벌어지고, 삼촌 피에르는 그가 마르탱이 아니라는 사실을 알아냈다.

하지만 가짜로 의심받는 마르탱은 탁월한 언변과 놀라울 만큼 뛰어나게 세세한 기억력으로 자신이 진짜임을 주장하였다. 진위 여부를 섣불리 판단하기 어려워지자, 가족과 마을 사람을 포함해 많은 사람이 얽혀 길고 긴 재판이 이어졌다. 그런데 재판 과정에 진짜 마

르탱이 나타나고 만다. 진짜 마르탱은 외모도 달라지고, 다리는 하나 잘려 의족이고, 자신의 과거를 잘 기억하지도 못하는 등 떠날 때와는 전혀 다른 모습이었다. 하지만 아내와 누이, 삼촌 등 가족 모두는 진짜 마르탱을 알아보았다. 결국 가짜 마르탱은 처형되었다.

우리 역사에도 마음의 눈으로 세월을 뛰어넘은 놀라운 이야기가 있다. 고려 후기 왕족의 마지막 왕이었던 공양왕의 당숙인 왕환王環은 정치적 혼란에 연좌되어 울릉도에 유배되었다. 그로부터 상황이 잘못되어 19년간이나 생사를 알 수 없었다. 하지만 왕환의 아내는 백방으로 남편의 행방을 수소문하였고, 마침내 왕환이 태풍으로 일본국에 표착했다는 소문을 들었다. 아내는 금과 은을 준비하여 일본으로 가는 외교사절에 4차례나 노비를 보내 남편을 찾아보게 하였다. 세월은 흘러갔지만 남편을 찾기 위한 노력을 포기하지 않았다.

마침내 1389년, 일을 맡았던 노비가 왕환이라 일컫는 사람을 데리고 돌아왔다. 하지만 사람됨과 용모가 다른 데다가 매우 어리석어 조부의 이름과 살고 있던 고을조차 기억하지 못하였다. 그를 알던 여러 관료는 "우리들이 왕환을 익히 아는데, 이 사람은 결코 왕환이 아니다"라고 했다.

그러나 아내 신씨가 달려와 보고는 처가 남편을 가장 잘 안다면서 크게 기뻐했다. 진위를 가리기 위한 소송이 일어나 여러모로 조사하고 대질하는 재판이 진행되었다. 마침내 그의 형을 비롯한 가족들이 모두 왕환이 맞다 하였다. 왕환이 아니라고 했던 박천상·신극공·박가홍·하륜 등의 관료는 거짓을 고한 죄목(무고죄)으로 유배되었다.[36]

두 사람의 이야기는 비슷한 데가 있다. 일자 소식도 없이 떠나 있던 기간이 마르탱 게르는 7년, 왕환은 19년으로 아주 긴 시간이었다. 그 세월 동안 다른 사람으로 보일 정도로 모습이 변했지만 아내는 남편을 알아보았다. 어쩌면 아내에게 남편은 떠날 때의 그 모습 그대로였는지도 모르겠다.

2015년 10월 20일, 결혼한 지 반년 만에 이산가족이 되어 소식을 모르고 살던 아내 이순규(당시 85세)와 남편 오인세(당시 83세) 부부가 65년 만에 '남북이산가족 상봉'으로 재회한 소식이 보도되었다. 북쪽 오인세 씨는, "자네 주름이 졌어도 그 미소는 19살 소녀 때와 같구먼"이라는 말을 건넸다.[37]

인간은 가변적인 존재이다. 하지만 앞의 사례들은 그런 인간이 한편으로는 여전히 변하지 않는 마음을 가지고 있음을 보여준다. 마음의 눈은 때로 7년, 19년, 심지어 65년을 건너뛰어 옛 시절의 상대방을 여전히 기억하고 있다.

원래 없는 이별

조선시대 벼슬길은 이별이 많았다. 「춘향전」의 이몽룡은 자신이 성장한 남원에 암행어사로 나갔지만, 소설의 극적인 전개를 위한 설정일 뿐이다. 조선시대 관료는 연고가 있는 지방으로는 절대 파견될 수 없었고, 이는 엄격하게 적용되었다. 지방이 고향이면 벼슬길을 위해 중앙으로 올라와야 했고, 관직은 중앙과 지방을 두루 오가며 지냈다. 특히 지방관으로 나가면 가족과 떨어져 혼자 부임했고, 거기에 머무는 동안 맺은 인연과는 임기가 끝나면 또 이별했다.

그러므로 유학자들의 시에는 헤어짐의 아쉬움과 슬픔을 다룬 내용이 제법 많다. 13세기 말부터 14세기 중반에 뛰어난 관료이며 학자였던 이곡(1298~1351)의 시를 빌리면 "벼슬로 인해 동쪽으로 서쪽으로 걸핏하면 이별"한다고 읊었다. 부임지로 떠나는 벗에게 "그대 지금 홀연히 멀리 떠나는구료. 나도 타향살이에는 이력이 났소. 벼슬길은 이별도 많게 마련이라오"[38]라는 시를 건네며 서로의 작별을 달랬다.

조선 후기 문신 이현일(1627~1704)은 고향으로 돌아가는 벗에게, "덧없는 이별 앞에 다시 탄식하노라. 사립문에 속절없이 우두커니 섰노라니. 아득한 타향에서 슬픔으로 넋이 다 녹는구나"라고 표현하였다. 문신 최립(1539~1612)은 "이별하는 일은 암담하게 사람의 혼을 녹여내는 바로 그 일"이라고 하였다.[39] 선비들의 글에는 "이별의 슬픔이 하늘에 사무친다"는 구절도 자주 보인다.

유학자들이 많이 인용하던 시구 가운데 '인어의 진주 눈물 이야기'가 있다. 3세기 후반 중국 진나라의 문인 좌사의 글이다. 바닷속에 살며 비단을 짜는 인어가 물 밖으로 나와 인가에 머물며 비단을 팔며 지냈다고 한다. 그러다 헤어질 때 이별을 아쉬워하며 눈물을 쏟아내어 진주 구슬로 변하게 하였다. 이를 작은 밥상에 가득 담아 주인에게 이별 선물로 주었다는 전설이다. 아픔과 고통을 감내하여 만들어진 진주로 이별을 상징하였다.

중국 전국시대 초나라 정치가이자 시인으로도 유명한 굴원의 말도 자주 차용되었다.

아아! 즐겁기는 새로 아는 사이가 되는 것보다도 즐거운 것이 없고, 슬프기는 생이별보다도 슬픈 것이 없다.
새로 아는 즐거움은 즐거움 중 제일이요, 생이별의 서러움은 서러움 중 심하여라.

그는 어쩔 수 없이 맞는 이별의 애통함을 '생이별'로 노래하였다. 이처럼 가까운 이들과의 이별은 누구에게나 힘든 일이다. 그토록 절절하게 그 비통함을 읊었어도, 마음을 추스르기 위해 그 인연을 부정하지는 않았다. 아파하면서도 삶의 한 자락으로 담아냈다. 그렇게 시로 풀어내며 이별의 고통을 그저 감당할 몫으로 받아들였다.

유교에서 말하는 인간의 본성은 '선함'이고, 그 근원은 '인'이었다. 정약용은 '인이란 사람을 향한 사랑'이라고 하며, 군주에 대한 사랑은 충, 부모에 대한 사랑은 효도, 형제에 대한 사랑은 우애, 자식에 대한 사랑은 자애, 모든 사람과 사람 사이에 서로를 향해 베푸는 사랑을 인이라고 하였다.

그렇게 보면 부모, 형제, 부부, 벗 등 나와 관계를 맺은 사람에 대한 사랑은 인간의 본성 자체이다. 더 이상 만날 수 없어도 상대방을 향한 내 마음은 없어지지 않는다. 인간의 본성은 사랑하는 존재이다.

갑작스러운 단절에 함께 써 내려가던 이야기가 폐기 처분되기도 한다. 아픔이 치유될까 하는 수없는 의문을 누르며, 상대방의 온기가 사라진 삶의 자리를 속절없이 쓰다듬는다. 하지만 사랑이 영원하지 못했듯 이별의 아픔도 언제까지 지속되지는 않을 터이니, 그저 지나가기를 기다리며 견뎌볼 일이다.

평생의 아픔을 안고도

평생 마음에 담고 살아가는 아픔을 어찌 말로 표현할 수 있을까. 고려 말 조선 초 문신인 조반(1341~1401)은 평생 마음에 아픔을 담고 살아간 사람이었다. 그는 몽고어에 능하여 원나라에서 벼슬을 하였는데, 한 여인을 사랑하여 함께 지냈다. 그러나 원나라가 망하는 혼란기를 맞아 조반은 떠나와야 했다. 조반이 어찌나 그 여인과 헤어지기를 어려워하는지 주변 사람이 모두 눈물을 흘릴 정도였다고 한다.

조반이 고려로 돌아오는 여정에 오르자, 그 여인은 조반의 행렬을 울면서 밤낮으로 걸어서 따라왔다. 해가 저물어 숙소에 들어도 여전히 뒤따라왔다. 며칠 밤낮을 쉬지 않고 걸어 두 발이 얼어 터져 걸을 수 없게 되어도, 그 여인은 힘을 다해 걸어왔다. 결국 조반은 압록강을 건너 본국으로 돌아왔고, 그 여자는 그만 자결하였다.

그 뒤 조반은 정식으로 혼인하여 여러 아들을 얻고, 고위 관직에도 올라 출세한 삶을 누렸다. 그러나 늙어서까지도 그녀와 헤어질 때의 비통함을 내내 이야기하며 그리워했다. 조반은 그녀의 외모만이 아니라 재주를 사랑했다고 한다. 평생 조반은 그녀의 기일이 되면 늘 눈물을 흘리며 제사를 지내주었다.[40]

당나라의 유명한 시인으로 수많은 시를 남긴 백거이(772~846)는 결혼할 여건이 충분했지만 35세라는 늦은 나이에 이르도록 결혼하지 않았다. 이루지 못한 사랑의 한을 마음에 담고 있기 때문이었다. 그는 당 현종과 양귀비의 사연에 자신의 감성을 담아 애절한 사랑으로 읊어내고 나서야(「장한가」), 비로소 다른 여인과 결혼하였다.

하지만 여전히 다른 시에서도 백거이는 애절한 사랑과 이별의 아픔을 노래하였다. 사랑하는 이와의 이별을 "봄날 날카로운 칼날에 잘린 연리지"로, 속절없는 그리움을 "황하 강물 탁하지만 맑아질 날 있고, 까마귀 머리 검지만 희어질 날 있으리. 오로지 남몰래 이별해야 하기에 우리 만날 기약 없음을 감수해야 하리"라고 노래하였다. 황하가 맑아질 리 없고, 까마귀 머리가 희어질 날이 올 리 없다. 그렇게 영원히 만날 수 없는 고통을 간직하며 사는 아픔을 노래하였다.[41]

조반은 관직이 참찬문하부사에 이르렀으니 재상의 지위였고, 백거이도 벼슬이 형부(사법 담당)의 장관인 형부상서에까지 올랐다. 역사적인 기록을 통해 만나는 조반과 백거이는 관료로 출세하고 외교관으로, 시인으로 명성을 날리는 삶을 영위했다. 그러나 개인 문집이나 시집을 통해 만난 두 사람은 치유되지 않는 괴로움을 안은 채 살아간 이였다. 조반과 백거이에게 아마 평생의 가장 뜨거웠던 사랑이기에 그러했는지 모른다. 비단 이들뿐이었으랴.

아름다운 사랑만큼이나 아픈 작별은 동전의 양면처럼 늘 우리들

곁에 존재한다. 1631년 문인 최립은 시가와 산문을 엮어 간행한 시문집 『간이집』에서 '이 세상의 즐거움과 슬픔은 만남과 이별'이라고 했다. 가장 큰 즐거움과 슬픔은 우리 삶의 동반자이다.

우리는 역설적이게도 사랑할 때보다 갈등하고 헤어진 상황에서 인생의 많은 것을 배운다. 감당하기 힘든 그리움, 치유되지 못한 사랑의 아픔을 안고도 살아가는 게 삶임을 받아들일 때 터득되는 깨달음이 있다. 이별 뒤에 비로소 나를 사랑하는 법을 배우기도 한다. 이별로 인한 아픔과 그리움도 어쩌면 내가 책임질 사랑의 또 다른 종류일지 모른다.

있는 그대로를
사랑한다는 허상

세상에는 장소든 사람이든, 그 무엇도 있는 그대로는 없다. 가변적인 상황과 느낌, 마음에 따라 다르게 보이는 대상이 있을 뿐이다. 한 사람을 두고 느끼는 우리의 감각도 마찬가지다. 그러니 있는 그대로의 그 사람 자체를 사랑한다는 말도 처음부터 성립하기 어려운 허상일지 모른다.

사랑의 본질은 오히려 불완전하고 고정적이지 않음이다. 영화, 소설을 비롯해 우리의 현실 모든 영역에서 변해버린 사랑을 다룬 무수한 이야기가 있음이 이를 증명한다. 그렇기 때문에 크고 작은 변화와 굴곡이 있을지라도 사는 동안 내내 사랑을 유지함은 아름다움을 넘어 위대하다. 사랑은 지키고, 인내하고, 때로 용서하며 가꾸는 노력이 꾸준히 필요한 일이기 때문이다. 사랑을 찬양함은 쉽지 않은 일을 해냄에 대한 찬사이다.

조선시대 유학자들은 여인을 깊이 사랑하는 이를 농담하듯 중국 전국시대 사람인 등도登徒의 아내 사랑에 빗대어 말하였다. 그의 부인은 머리털이 마구 흐트러져 산발한 데다가 언청이고, 치아도 드문드문 빠졌으며 피부에 종기까지 난 박색이었다. 하지만 등도는 그 부인을 평생을 두고 무척 사랑하였다고 전해진다. 등도는 사랑에 있어 우리 모두의 이상형이다.

등도의 아내가 젊어서부터 박색이었는지는 알 수 없다. 다만 등도는 평생 변하지 않았다. 사랑을 할 때는 누구나 그 사랑이 변치 않고 영원하기를 바란다. 어찌된 일인지 사랑하는 주체는 나인데, 사랑이라는 실체는 나를 초월해 자기의 방식으로 움직인다. 나조차도 내 사랑을 통제하거나 조절하기 쉽지 않다. 가까스로 사랑을 표현하는 나의 언행을 단속할 수 있을 뿐이다.

사랑할 때 우리는 상대방에게 존재 자체를 사랑하겠다고 말한다. 세상에 무수한 사람 가운데, 내 사랑은 온 지구에 단 하나인 그대이다. 어떻게 생겼든 어떤 조건이든 그저 그대만을 원한다고 고백한다. 그 설레는 순간과 고백하는 이의 촉촉한 눈동자는 영원히 마음속에 저장된다.

하지만 어느 순간 상대방은 더 이상 마음에 저장된 그 사람이 아니다. 무엇이 원인인지, 왜 변한 것인지는 의미도 없고 알 수도 없다. 그동안의 만남을 무위로 돌리고 함께 그리던 미래도 사라진 현실만이 존재한다. 한마디 물어보거나 설명을 들을 기회조차 갖지 못한 경우도 많다. 그런 이별로 마음이 무참히 상했을 때, 무엇을 할 수 있을까? 다시 만나는 것? 아니면 사랑했던 그 시절로 돌아가는 것? 그러나 둘 중 어느 것도 불가능하다.

조선의 사대부가 자주 인용한 '가을 부채[秋扇]'라는 중국의 고사가 있다. 더운 여름에는 시원한 바람을 일으켜주니 사랑을 받다가, 가을이 되어 버려진 부채에 자신의 처지를 비유한 여인의 이야기이다. 한나라 성제(B.C.51~7)의 궁인 반첩여(B.C.48~2)는 시와 가무에 능하여 총애를 받았다. 그러나 나중에는 외면당한 채 황궁을 떠나 시와 글을 읊으며 슬픈 나날을 보냈다. 그녀는 원망의 노래라는 의미로「원가행怨歌行」이라는 시를 지어 가을 부채에 자신의 처지를 빗댔다. 이 시에서 그녀는 "흰 비단으로 부채를 만들어 흔들면 바람이 일어나 임의 품에 드나들었지만, 가을이 되어 서늘한 밤이 더위를 빼앗아가니 부채는 상자 속에 버려져 사랑이 끊어져버렸다"고 노래하였다.

자연은 순환하고, 끊임없이 변한다. 사람이라고 그 모든 순환과 섭리를 초월하여 언제나 같을 수 없다. 굳이 사랑을 맹세하는 것도 따지고 보면 별 소용이 없고, 사랑을 확인할 기준이나 방법도 사실 없다. 자연은 늘 그 자리 그 모습처럼 보이는 이유는 인간의 생이 짧기 때문이다. 잠시 머물다 갈 인간에게 절대적인 것이 어디 있으리. 자연의 흐름처럼 사랑도 변하는 것을 어찌하리.

이태백은 한 무제의 총애를 듬뿍 받았지만 폐비된 진황후의 일을 「운명이 기박한 첩[妾薄命]」이라는 제목의 시로 지었다. 이태백은 이 시에서 "떨어진 빗방울 하늘로 오르지 못하고, 쏟아진 물은 다시 주워 담지 못하네"라며 변해버린 사랑을 읊었다.⁴² 고려 말 이곡은 이를 운으로 삼아 "미움과 사랑은 예부터 무상한 것이라서, 아침의 연인이 저녁에는 타인이 된다네"⁴³라고 노래하였다. 사랑만이 아니라 미움도 무상하니 다행이 아닌가. 슬픔도, 아픔도, 그리고 미움도 세월 따라 변하니 다행이 아닌가.

육식주의자와
채식주의자의 사랑

중국의 유명한 시인 도연명(365~427)은 "초여름에 풀과 나무 무성하게 자라나서, 집을 에워싸고 나뭇가지 우거졌네. 새들은 깃들 곳이 있으니 좋아하며, 나도 역시 내 오두막을 사랑한다[吾亦愛吾廬]"는 시를 지었다. 고려시대 이곡(1298~1351)을 비롯해 많은 유학자들이 벼슬에서 벗어나 은거생활을 할 때 이 시를 인용하였다. 조선 후기 유학자이며 뛰어난 과학 사상가로 지구의 자전설을 주장한 홍대용(1731~1783)도 '내 오두막을 사랑한다'는 의미로 집 이름을 '애오려愛吾廬'라고 지었다.

홍대용의 시에 대해 김종후(1721~1780)는 "어진 사람은 남을 사랑한다는 말을 하였다. 그러나 나를 사랑한다는 말을 하지는 않았다. 도연명이나 홍대용이 나를 사랑한다고 한 말은, 이미 남을 사랑함이 그 안에 담겨 있는 것이다"라고 해석하였다. 본래 나를 사랑하는 바탕 위에 남을 사랑함이 나온다는 뜻이다. 그러므로 다른 이를 사랑하기 위해서는 오로지 나를 사랑하는 도리에 힘을 다할 뿐이라고 풀었다. 본질적으로 나를 사랑해야, 그 마음으로 다른 사람도 사랑할 수 있다는 말이다.

우리 모두는 근본적으로 다른 사람에게 사랑받고 싶은 마음이 있다. 그렇기 때문에, 역으로 다른 사람의 이목과 평가에서 벗어나 '나'로 살라는 말도 큰 화두이다. 남에게 사랑받으려는 마음을 버리라거나, 다른 사람의 시선에 신경을 쓰지 말라는 목소리가 높아짐은 현대인이 그 문제로 인해 고통받고 있음을 증거한다.

"입을 막고 문을 닫으면 평생의 근심이 없어진다"는 노자의 가르침이 있지만, 온 지구의 사회적 거리가 갈수록 줄어들고 있다. 사회관계망 서비스(SNS)의 발달로 다른 사람의 삶과 내 삶은 뒤섞여 끊임없는 비교와 평가에 시달린다. 종일토록 서로를 비교하는 세상에서 과연 진심을 담은 사랑은 어떻게 가능할까.

사람은 여러 측면을 동시에 갖고 있는 복잡한 존재이다. 상대의 좋았던 면이 점차 부담스러워지기도 하고, 마음에 들지 않던 점이 매력으로 다가오기도 한다. 어제는 그래서 좋았는데, 오늘은 이래서 속상하다. 결국 상황에 흔들리지 않기 위해서는 선현의 말처럼 나를 사랑하고, 그 사랑의 마음으로 상대방을 사랑해야 한다. 내가 나 스스로를 사랑할 때 누리는 그 자유와 평안함은 다른 사람을 인격적으로 품고 사랑할 수 있는 바탕이 된다.

여기에서 잊지 말아야 할 점이 있다. 내가 나를 사랑하듯이 상대방도 자신을 사랑한다는 사실이다. 육식주의자와 채식주의자의 경우처럼 전혀 다른 사람들이 사랑하며 함께할 수 있는가? 아무리 친밀한 관계라도 내 방식을 상대방에게 강요할 수는 없다. 아무리 사랑해도 똑같아질 수 없으며, 그것이 사랑도 아니다. 내가 인정받고 싶은 만큼 나도 상대방을 인정해야 한다. 그런 마음이어야 서로 다른 식성을 즐기는 상대방에 대한 포용심도 나온다.

이념화된 정절, 선택한 의리

열녀烈女라는 말은 폭넓게 알려져 있다. 조선시대 열녀는 "충신은 두 임금을 섬기지 아니하고, 열녀는 두 남편을 섬기지 아니한다"는 강령 아래 추진된 적극적인 정책의 산물이었다. '열녀 이데올로기'는 20세기까지도 한국 사회에 영향력을 행사한 살아 있는 이념이었다.

조선시대는 내내 국가는 열녀를 선정하여 상을 내렸다. 열녀로 선발된 이에게 내리는 가장 영예로운 포상은 '정문旌門'을 세워주는 것이었다. 정문은 열녀의 집이나 마을 입구에 세운 붉은색 문으로, 홍살문[紅箭門] 또는 홍문紅門이라고도 한다. 역을 면제하거나 감면해주고 의복, 곡식 등의 상을 내리기도 하였다. 자식에게 벼슬을 열어주기도 하고, 천인이면 양인으로 신분을 상승시킨 경우도 있다.

사료에서 열녀의 사례를 찾는 일은 어렵지 않다. 『조선왕조실록』에는 해마다 각 지역에서 선발된 온갖 열녀의 사연이 기록되어 있다. 지방관이 추스른 사례만 중앙에 보고된 것이니 실제로는 더 많았으리라 짐작된다. 열녀가 된 내력은 거의 엇비슷하다. 대개 일찍 과부가 되었음에도 불구하고 시부모를 극진히 모신 사연, 남편이 사망하자 자결하려다 시부모가 계셔서 차마 하지 못하고 끝까지 지성으로 섬긴 경우, 개가를 권하는 시댁이나 친정의 요구를 완강히 거부하고 홀로 시부모를 봉양한 이야기, 남편을 잃은 뒤 몸을 해칠 정도로 슬

피하고 평생 고기를 먹지 않았다는 행적 등이다.

이 사연들이 아름답게 들리는가? 아마도 동의할 사람이 거의 없으리라 믿는다. 개인적으로 먼저 간 지아비에 대한 사랑인가는 판단하기 어렵다. 다만 열녀 이야기를 읽으면서 늘 내 어머니의 삶을 어떻게 정리할까 생각해왔다.

내 어머니는 27살의 나이, 내가 막 생후 8개월이 되었을 때 혼자 되셨다. 어머니는 이제와 생각하니 아버지가 종종 뒷목이 당기듯 아프다는 말을 하셨다고 한다. 저녁을 드시고 아버지는 주무시러 먼저 방으로 들어가고, 어머니는 마루에서 빨래를 개키며 집안을 정리하셨다고 한다. 가위에 눌린 것 같은 소리에 방으로 들어가보니 아버지는 벌써 돌아가셨다고……. 그렇게 아버지는 단 한마디 말도 남기지 못한 채 어린 아내를 놔두고 갑자기 떠나셨다. 그때 나는 첫걸음마도 못 뗀 아기였다.

여느 때와 다름없이 함께 식사를 마치고 하루를 마무리하던 밤은 다시는 오지 않을 날이 되었다. 이제 정말 돌아오지 않을 사람이구나, 어딘가에 살고 있는데 무엇인가 착각하고 있는 것이 아닌가. 정말 다시 돌아오지 않을 사람임을 끄덕이기까지 십 년이 걸렸다고 하셨다. 집안에서는 당연히 그 누구도 어머니의 재혼을 언급조차 하지 않았다. 어머니는 대대로 서울에 거주하며 집안의 이야기를 책과 사진으로 엮어낸 양반 가문 출신이다.[44] 유가의 본보기로 전통을 지켜가던 집안을 자처하니, 당연히 열녀 이데올로기의 영향 아래 있었다.

나는 한번도 '아버지'를 불러보지 못하고 자랐다. 그래서 아버지라는 존재는 나에게 '결핍'이 아니라 아예 '공백'이었다. 집안의 막내딸로 여러 친척의 사랑과 관심의 울타리 안에서 나는 매우 유복하고 행복하게 자랐다. '모르는' 아버지는 사각모를 쓴 흑백의 졸업사진으로만 늘 내 곁에 있었다.

정지된 흑백사진 속의 사각모 쓴 아버지가 어느 날부터 내 눈에 젊은 청년으로 보이기 시작했다. 이제 내 나이는 사진 속 아버지의 나이를 훌쩍 넘어버렸다. 어머니는 여전히 아버지의 나이를 세며 혼자 환갑, 진갑, 희수를 헤아리신다. 채 5년을 같이 못 살았지만, 50년을 넘게 제사를 드렸다. 천주교식으로 드린 제사였지만, 기어코 50년을 채우고서야 멈추셨다. 이제는 성당에 고인을 위한 미사에 이름을 올리고 미사 봉헌을 하신다.

얼마 전 해내야 할 여러 역할이 왜 그리 힘들게 여겨지는지, 어머니에게 울컥해서 말씀드렸다. 어머니는 어떻게 이 힘든 세상을 언짢은 내색 한 번도 하지 않으시고, 푸념 한 번 없이 살아내셨냐고 말이다. 언제나 조용한 말투의 어머니는 네가 사랑과 기쁨을 주어서 힘든지 모르고 살아왔노라고 하셨다. 내 몫은 크지 않았겠지만, 다만 어머니는 어떤 상황에도 나에 대한 사랑과 기쁨을 담고 계셨다. 아버지에 대한 사랑도 그러하셨다. 짧은 기간이었지만 아버지에게서 많은 사랑을 받았고 자신을 아껴줬노라고 말씀하셨다. 그리고 네가 있게 해준 분이니 고마운 분이라고 하셨다.

어머니의 아버지에 대한 사랑은 '의리'였다. 사랑하는 자식을 갖게 하고, 짧은 기간이지만 사랑하고 아껴준 사람에 대한 의리였다. 이것이 이제야 어머니의 삶을 통해 내가 정리한 부부의 사랑이다. 설렘도 지나가고, 열정도 가라앉지만, 한 인간으로서 평생을 지켜낸 의리, 그것이 부부의 인연을 맺은 내 어머니가 지닌 사랑이었다.

장희빈의 침묵과
오염된 사랑

장씨로 하여금 자진自盡하도록 하라.

1701년(숙종27) 9월 25일, 조선 국왕 숙종이 밤중에 느닷없이 내린 '비망기'이다. 숙종의 갑작스러운 결정에 승지를 비롯한 여러 관료들이 청대請對[45]하기 위해 숙종을 만났다.

> 엎드려 비망기의 글 뜻을 보고 놀랍고 두려워 벌벌 떨고 있습니다. 설령 그 죄상이 모두 내리신 명과 같다고 하더라도, 전하의 밝은 지혜로써 어찌 뒷날에 처리하기 어려운 일을 유독 생각하시지 아니하십니까? …… 바라건대, 명을 도로 거두소서.(승지 서종헌)

> 엎드려 어제의 비망기를 보고 신 등은 너무나 놀라서 어찌할 바를 알지 못하고 있습니다 …… 신 등은 장씨가 범한 죄가 어떠한 것인지 감히 알지 못하겠습니다 …… 어찌 세자를 돌아보지 않으시며 차마 이렇게 하신단 말입니까?(승지 윤지인)

> 장씨의 죄상을 외부 사람들은 상세히 알 수가 없습니다. 그리고 장씨가 세자에게는 낳아준 사람이 되니, 후일의 염려를 어찌 다

말할 수가 있겠습니까?(부응교 이정귀)

장씨의 죄상이 비록 '밝게 드러났다'고 하더라도, 조정에서는 잘 알지 못합니다.(부수찬 이관명)

급작스러운 숙종의 명에 관료들은 몹시 당황했다. 이들은 국왕이 개인적으로 어떻게 생각하고 경험했는지 모르지만, 장희빈의 죄를 알지도 못하니 명을 거둘 것을 강력히 요청하였다. 이날 이후 『조선왕조실록』에는 급박하게 전개된 상황이 기록되어 있다. 그러나 장희빈의 목소리는 단 한마디도 없다.

9월 26일, 날이 밝자 숙종은 장희빈이 신당을 설치하여 인형왕후를 해칠 것을 도모하였다며 궁녀들을 국문하였다. 장희빈을 섬기던 궁녀 축생 등은 몸이 약한 세자를 위한다는 것과 왕후를 위해 기도하는 것만 알 뿐, 다른 뜻은 알지 못한다고 답하였다.

9월 27일, 관료의 수장인 영의정 최석정이 나섰다. 설사 용서하기 어려운 죄가 있어도 세자를 생각하니 마음이 무너진다고 하며 명을 거둘 것을 청하였다. 숙종은 관례대로 이 상소문을 대신들에게 보이며 의견을 물었다. 판부사 시문중, 좌의정 이세백 등 조정의 관료들은 엄청난 처사를 갑작스럽게 내린 것에 대해 우려를 표하였다.

왕비를 저주한 일은 밝히기도 어려운 문제이니 잘못됨이 없도록 신중하기를 청하였다.

28일부터 숙종은 며칠을 계속하여 궁녀 설향, 숙영 등을 친히 국문하였다.

10월 1일 공조판서 엄집은 세자가 국왕이 되었을 때 생모인 희빈의 존재가 우려되어도, 어찌 죽이는 것만이 방법이겠느냐고 간청하였다. 섣불리 결정하면 장차 반드시 끝없는 후회가 될 것이라고 상소하였다.

10월 2일 판부사 유상운, 보덕 유명웅, 사서 이태좌 등의 상소가 이어졌다.

10월 3일 궁녀들이 줄줄이 형에 처해지는 와중에도 장희빈은 용서하자는 상소가 끊이지 않고 올라왔다. 판부사 서문중, 우의정 신완 등은 궁녀들을 죄인으로 처형하여 법을 시행했으니, 장희빈은 용서하자고 청하였다.

10월 6일 우부승지 허지, 행 사직 강현 등이 연달아 상소를 올렸지만, 숙종은 이미 뜻을 결정했다는 강경한 입장을 고수하였다.

10월 8일 마침내 숙종은 장희빈에게 자진하라는 명을 내렸다. 죄목은 왕비를 질투하고 원망하고 신당을 설치하고 기도하며 흉악한 물건을 대궐에 묻었다는 것이었다. 이날도 부교리 권상유, 판중추부

사 서문중 등은 끝까지 명을 거둘 것을 청하였다. 서문중은 오열하여 차마 말을 잇지 못했다고까지 하며 간청하였고, 이조판서 이여도 놀라고 두려운 마음을 견딜 수 없다고 하였다.

10월 10일, 마침내 숙종의 명이 기록되어 있다.

장씨가 이미 자진하였으니, 해당 부서(예조)로 하여금 여러 물건과 음식을 참작하여 장례를 거행하도록 하라.

숙종은 재위 16년째인 1690년에 왕비 민씨를 악독하다며 폐비하고, 자신보다 2년 연상으로 31살이던 희빈 장씨를 칭송하며 왕비로 책봉하였다. 그러나 4년 뒤 다시 희빈으로 강등하였고, 6년 만에 자진을 명령하였다. 희빈으로 강등되어 지낸 6년, 그리고 갑작스럽게 비망기로 자진을 명령받고, 궁녀들이 줄줄이 죽임을 당하고, 마침내 스스로 생을 마감하기까지 공적인 기록에서 장희빈의 목소리는 단 한마디도 들을 수 없다.

역사에 남은 것은 숙종과 당시의 관료, 그리고 뒷날 유학자들의 글이다. 사적인 목소리는 작자 미상이지만 왕비로 복위된 인현왕후의 측근이 지은 것으로 분석된 소설 「인현왕후전」[46]이 있다. 이 소설이 장희빈을 악녀로 몰아간 온갖 이야기의 바탕이다.

영화와 TV드라마, 대중적 역사책 등에서 장희빈에 대한 이야기는 수없이 재생산된다. 그러나 어디에도 장희빈 당사자의 목소리는 빠져 있다. 그녀는 생을 마감한 이래 영원히 침묵하고 있을 뿐이다. 그 침묵 위에 저마다의 소설과 각본을 쓰고, 그것을 역사적 사실로 몰아간다.

조선시대에 가장 참혹하게 여겨지는 형벌로 '부관참시'라는 것이 있다. 이미 사망한 사람이지만, 그 시신을 꺼내어 다시 극형을 가하는 벌이다. 묵언으로 생을 마감한 장희빈은 오늘날에도 여전히 부관참시당하고 있다. 장희빈의 자진은 숙종이 지목한 죄에 대한 인정도, 부정도 아니다. 그것을 밝힐 길은 이미 없다.

왕에게 사랑은 권력이다. 사랑에는 권력만큼이나 돈, 이기심, 집착, 소유욕 등 다양한 불순물이 물에 탄 설탕이나 소금처럼 보이지 않게 뒤섞여 있다. 그 불순물을 걸러내지 않은 사랑은 언제든 비극으로 끝날 수 있다. 이 비극은 나의 불행에서 멈추지 않고, 장희빈의 경우에서 보듯 사랑했던 이의 불행마저 초래한다.

미주

1 성현, 김남이·전지원 외 옮김, 『용재총화』, Huminist, 2015, 496~501쪽.
2 오강남 풀이, 『장자』, 현암사, 1999, 158~159쪽.
3 성현, 김남이·전지원 외 옮김, 『용재총화』, Humanist, 2015, 382쪽.
4 이색, 『목은시고』 26, 「용수산 언덕」
5 『삼국사기』 10, 「반역한 신하」, 궁예전.
6 정문은 홍살문, 정려문이라고 부르는데 나라가 충신, 효자, 열녀 등이 사는 마을 입구나 집 문 앞에 높이 세우던 붉은 칠을 한 나무 문이다. 먼 곳에서도 쉽게 알아볼 수 있게 하여 그들의 덕행을 기리고 권장하였다.
7 『조선왕조실록』, 1479년(성종10) 3월 11일.
8 『조선왕조실록』, 1733년(영조9) 5월 18일.
9 본래 양반과 양인 신분의 첩 사이에서 태어난 이는 서자, 양반과 천인 신분의 첩 사이에서 출생한 이는 얼자라고 한다. 하지만 통상 서얼이라고 칭하였다.
10 『우서』 9, 「사대부와 서인의 명분에 대해 논의함」
11 『조선왕조실록』, 1415년(태종15) 3월 1일.
12 『서애집』 6, 「소금을 만들어 굶주린 백성을 구제하기를 청하는 서장」
13 조선시대 대표적인 구휼기관인 의창에 비유한 표현으로 해석된다. 의창은 농민에게 식량과 곡식 종자를 나누어주어 굶어 죽는 것을 막고 농민의 농업 재생산을 돕기 위해 만든 제도였다. 의창제도라고 하는데, 그 곡식을 모아둔 창고 자체를 '의창'이라고 불렀다. 의창은 조선 중종 이후에 점차 사라지고, 흉년이 들면 군자곡을 나누어주었다.
14 『갈암집』 8, 「서신」
15 실시간 세계통계(https://www.worldometers.info/kr/)
16 『조선왕조실록』, 1488년(성종19) 윤1월 12일.
17 『조선왕조실록』, 1776년(정조 즉위년) 12월 25일, 1779년(정조3) 2월 2일.
18 『논어(論語)』, 「안연편(顏淵篇)」
19 『후한서』 68, 「곽태열전」
20 『후한기』 23, 「효령황제기」

21 『후한서』 68, 「곽태열전」. 파증불고(破甑不顧)라는 고사성어의 유래이다.
22 이곡, 『가정집』 1, 「잡저」, '의심을 푸는 방법에 대하여'
23 윤선도, 『고산유고』 5 하, 「잡저」, '회포를 적다'
24 『조선왕조실록』, 1398년(태조7) 4월 8일.
25 『조선왕조실록』, 1517년(중종12) 11월 4일.
26 『조선왕조실록』, 1431년(세종13) 5월 9일
27 『고려사』 109, 「우탁열전」
28 이중환, 『택리지』, 「총론」
29 『조선왕조실록』, 1478년(성종9) 7월 14일.
30 『조선왕조실록』, 1460년(세조6) 12월 29일.
31 기대승과 이황의 서신은 『고봉전서』 양 선생 왕복서 제1권, 「퇴계 선생 좌전(座前)에 답하여 올림」, 「존재(存齋) 계우(契右)에게 답하여 올림」에서 인용. 한국고전번역원의 한국고전종합DB.
32 성대중, 『청성잡기』 4, 한국고전번역원의 한국고전종합DB.
33 『조선왕조실록』, 1398년(태조7) 8월 26일; 1416년(태종16) 6월 10일.
34 『조선왕조실록』, 1409년(태종9) 8월 19일.
35 설화에 당시 그녀는 15세였다고 한다.
36 『양촌선생문집』 31, 「상서류」
37 『한겨레』, 2015.10.22; 『에너지경제』, 2015.10.22.
38 『가정집』 19.
39 『갈암집』 1.
40 성현, 김남이·전지원 옮김, 『용재총화』, Humanist, 2015, 151쪽.
41 유병례, 『당시 30수 -서정시의 황금시대를 보다-』, 아이필드, 2003, 141~146쪽.
42 『이태백집』 3.
43 『가정집』 14, 「고시」
44 박승서·박돈서, 『인왕산 기슭에 핀 꽃들이 -우리조상 우리집안의 자취-』, 도서출판 유니크, 2018.
45 급한 일로 왕에게 먼저 뵙기를 청함.
46 『인현왕후민씨덕행록』 등 필사본 10여 종.